कृति मूल्यांकन : आवारा मसीहा

कृति मूल्यांकन : आवारा मसीहा

सम्पादक

पल्लव

ISBN : 9789386534811

प्रथम संस्करण : 2019 © राजपाल एण्ड सन्ज़

KRITI MULYANKAN : AWARA MASIHA (Literary Reference)

Edited by Pallav

राजपाल एण्ड सन्ज़

1590, मदरसा रोड, कश्मीरी गेट, दिल्ली-110006

फोन : 011-23869812, 23865483, 23867791

e-mail : sales@rajpalpublishing.com

www.rajpalpublishing.com

www.facebook.com/rajpalandsons

क्रम

संपादकीय — 7

साहित्य और ज़िन्दगी की पहचान — 11
गिरिराज किशोर

भारतीय साहित्य की एक घटना — 22
इलाचन्द्र जोशी

***आवारा मसीहा* पढ़ते हुए** — 30
विश्वनाथ त्रिपाठी

मूलतत्व की तलाश में सृजन — 38
देवेन्द्र इस्सर

शरत् के सम्पूर्ण व्यक्तित्व का प्रतिफलन — 44
हरदयाल

जीवनी लेखन में साहसपूर्ण कदम — 53
अमृतलाल नागर

सर्वांग सुन्दर जीवनी — 59
श्याम सुन्दर घोष

हिन्दी का एक गौरव ग्रन्थ — 68
विश्वम्भर 'मानव'

प्रतिभा और धैर्य का दस्तावेज़ — 76
राजकुमार सैनी

एक आवारा के मसीहा बनने की कथा — 81
विज्ञान भूषण

किसको आती है मसीहाई, किसे आवाज़ दूँ — 88
अभिषेक सौरभ

आस्था और संवेदना 95
के.पी. शाह

जीवन और कृतित्व के पारस्परिक संबंधों की तलाश 103
बसंत त्रिपाठी

नारी और नैतिकता : *आवारा मसीहा* के संदर्भ में 111
रेणु व्यास

परिशिष्ट-1
आवारा मसीहा का रचना सार 122

परिशिष्ट-2
रचना एवं रचनाकार का परिचय 126

परिशिष्ट-3
आवारा मसीहा के पहले संस्करण की भूमिका 128
आवारा मसीहा के दूसरे संस्करण की भूमिका 146
आवारा मसीहा के 1999 के संस्करण की भूमिका 152

संपादकीय

जीवनी विशेष प्रकार का साहित्य है जो संस्मरण के इस छोर पर है तो कथा-गल्प के उस छोर पर। यहाँ संस्मरण की तरह व्यक्ति चित्र का आत्यंतिक अवकाश नहीं है और न ही कथा-गल्प की तरह कल्पना की उड़ान की छूट सम्भव है। आदर्श रूप में यह व्यक्ति का विशिष्ट इतिहास है। हिन्दी में जीवनी लेखन की परम्परा है लेकिन इस विधा की उपलब्धियाँ बहुत थोड़ी हैं। भारतेन्दु हरिश्चन्द्र, राधाकृष्ण दास, मुंशी देवीप्रसाद, बालमुकुन्द गुप्त हिन्दी के प्रारम्भिक जीवनीकार थे। इस विधा की उत्तम कृतियाँ बाद में आयीं। रामविलास शर्मा ने *निराला की साहित्य साधना*, अमृत राय ने *कलम का सिपाही* और विष्णु प्रभाकर ने *आवारा मसीहा* जैसी कृतियों से हिन्दी की इस उपेक्षित विधा को नयी ऊर्जा दी। इन सबमें विष्णु प्रभाकर की बांग्ला कथाकार शरत्चन्द्र पर लिखी जीवनी *आवारा मसीहा* विशिष्ट है। हिन्दीभाषी विष्णु प्रभाकर के लिए यह चुनौती ही थी कि वे बांग्लाभाषी और 1938 में दिवंगत हो चुके शरत्चन्द्र का जीवन आख्यान लिखें। उन्हें इस कार्य में चौदह वर्ष लगे। 1959 में प्रारम्भ हुई यह कृति 1973 में प्रकाशित हो सकी। लगभग सवा सौ लोगों से भेंट, साक्षात्कार, पत्र-व्यवहार तथा अनेक यात्राओं के बाद विष्णु प्रभाकर ने साढ़े तीन सौ पृष्ठों की यह जीवनी पूरी की जो आज भी उनके यश का आधार है। वस्तुत: शरत्चन्द्र जैसे कालजयी लेखक का जीवन संघर्ष विष्णु प्रभाकर की हार्दिकता और निष्ठा का संयोग पाकर असाधारण कृति में रूपान्तरित हो गया।

उन्हें संशय था कि कला की कसौटी पर यह कृति कितनी खरी उतरेगी किन्तु यह विश्वास भी था कि मैंने कला को भले खोया हो, आस्था को नहीं खोया और निरन्तर सशक्त और सच्ची संवेदना की घड़ियों को खोजने का प्रयत्न किया है। कहना न होगा कि कला की कसौटी ही नहीं अपितु पठनीयता

और लोकप्रियता की कसौटी पर भी यह कृति सफल-सार्थक कालजयी है। 1974 से अब तक इस कृति का निरन्तर प्रकाशन और नयी पीढ़ी द्वारा पढ़ा जाना बताता है कि यदि साहित्य सचमुच साहित्य है तो उसकी पठनीयता कभी अवरुद्ध नहीं हो सकती।

भारतीय वाङ्मय परम्परा से प्रेरणा लेकर विष्णु जी ने *आवारा मसीहा* को पर्वों में विभक्त किया। कुल तीन पर्वों में क्रमशः पहला 'दिशाहारा', दूसरा 'दिशा की खोज' और तीसरा 'दिशांत' है। शरत् के जीवन को सम्पूर्णता में देखते हुए विष्णु प्रभाकर ने अनेक स्थानों पर उनके लेखन से मिले सूत्रों को भी पाठकों के समक्ष रखा है। शरत् की रचना प्रक्रिया और उनके लेखन संघर्ष को इससे भलीभाँति देखा-समझा जा सकता है। कृति के प्रकाशन के साथ ही इस पर साहित्य समाज ने ध्यान दिया और अनेक पत्र-पत्रिकाओं में इसकी समीक्षा-चर्चा हुई। ऐसा स्वागत भाव कम ही कृतियों के भाग्य में होता है। धर्मयुग में प्रकाशित समीक्षा में भँवरमल सिंघी ने लिखा—प्रभाकर जी ने शरत् के चरित्रों की संवेदनाओं के घनीभूत रूप में स्वयं शरत् की जीवन-संवेदना को प्रस्तुत किया है। सचमुच *आवारा मसीहा* जीवन चरित्रों के इतिहास में एक विशिष्ट योगदान है। *रीडर्स डाइजेस्ट* में सत्यपाल विद्यालंकार ने लिखा, 'ग्रन्थ समाप्त करते-करते शरत् की कला साधना का ही नहीं उनके निजी चरित्र व स्वभाव का भी एक भव्य चित्र हृदय पर अंकित हो जाता है। ग्रन्थ की सफलता का निकष है यह।' प्रसिद्ध कथाकार यादवेन्द्र शर्मा 'चन्द्र' ने इसे पढ़ते ही लिखा था—*आवारा मसीहा* शरत्चन्द्र के सुख-दुःख, संघर्ष-समर्पण, जय-पराजय, हास्य-रोदन की वह सशक्त गाथा है जो अपनी रोचक शैली, प्रभावमयी भाषा, तार्किक प्रमाणों के कारण हिन्दी की अद्वितीय पुस्तक तो है ही, मैं समझता हूँ कि वह भारतीय भाषाओं की भी एक श्रेष्ठ पुस्तक कहलाएगी। (*रेल समाचार*, जून-जुलाई 1974) स्वागत भाव के साथ विवादी स्वर न हो, ऐसा न था। *हिन्दुस्तान* के 27 जुलाई 1975 के अंक में प्रख्यात पत्रकार वेद प्रताप वैदिक ने इसकी समीक्षा करते हुए लिखा था—हिन्दी की जिस पीढ़ी को विष्णु प्रभाकर की सम्मान्य सदस्यता प्राप्त है उसके सारे गुण-दोष इस ग्रन्थ में उपलब्ध हैं। भाषा की शालीनता उन्हें श्रद्धानत कर सकती

है पर अपने विषय के प्रति तटस्थ आलोचक बनाने से रोक देती है। इसीलिए सारी पुस्तक में एक प्रकार का डि.फ़ेंसिव दृष्टिकोण ओतप्रोत है। शरत् की भाँति शरत् का यथार्थ चित्रण भी शरत् जैसा ही कोई खुला व्यक्ति, जो समाज और भाषा की परिधि से ऊपर उठ सकता, अधिक सहजता से करता। कहना न होगा कि इतिहास की गति में अब इस कृति का क्या स्थान है।

प्रकाशन के प्राय: चालीस वर्ष बाद इस कृति पर एक पुस्तक की आवश्यकता का कारण है कि विधाई मानदंडों और रचनात्मक कसौटियों पर पुरानी और नयी पीढ़ी द्वारा मूल्यांकनपरक अध्ययन किया जाए। कोरे जीवन वृत्तान्त से मीलों आगे जिस कृति को विधा के लिए नया आयाम माना गया है उसे आज का पाठक एक परिपक्व आलोचनात्मक निगाह से देखे-समझे, तो इस आयोजन की सार्थकता हो सकेगी। विष्णु प्रभाकर ने अपनी शक्ति से पूरा प्रयास किया है कि यह जीवनी शरत् के व्यक्तित्व का सम्पूर्ण चित्र प्रस्तुत करे—अँधेरे और उजले पक्ष, प्रिय-अप्रिय प्रसंग सब कुछ को वे पाठक के सामने रखते गये हैं। मूल्य निर्णय का अधिकार पाठकों पर छोड़कर निरपेक्ष किन्तु हार्दिक आत्मीयता से लिखी इस कृति का महत्त्व सांस्कृतिक भी है। हम जानते हैं कि शरत्चन्द्र के लेखन का सर्वाधिक उज्ज्वल पक्ष स्त्रियों के सम्बन्ध में नयी दृष्टि देना है। वे अपनी नायिकाओं-चरित्रों को अबला और पापिन बनाकर छोड़ने में यकीन नहीं रखते थे। युगानुकूल परिवेश के चलते उनकी नायिकाएँ सर्वथा क्रान्तिकारी न हो सकीं तब भी मानवतावादी समतामूलक दृष्टि ने उनके पात्रों को बराबरी का दर्जा अवश्य दिलाया। ऐसे लेखक को यदि विष्णु प्रभाकर नये युग में मसीहा के रूप में प्रतिष्ठित करते हैं तो वे भारतीय सांस्कृतिक जगत में उनकी बड़ी प्रतिमा का निर्माण करते हैं। हम जानते हैं कोई राष्ट्र केवल राजनीति, भूगोल और नेताओं से ही नहीं बनता, अपितु इतिहास, साहित्य, कला और मिथकों का चूना-गारा उस महल को आकार देता है जिसमें कोई नागरिक राष्ट्रबोध अनुभव कर सके। विष्णु प्रभाकर की लिखित जीवनी शरत्चन्द्र की ऐसी प्रतिमा निर्मित करती है जिससे आगामी पीढ़ियाँ भी प्रेरणा ले सकें।

प्रस्तुत पुस्तक में दो तरह के लेख सम्मिलित किये गये हैं। पहले वे

लेख हैं जो *आवारा मसीहा* के प्रकाशनोपरान्त आये थे और जिन्होंने इस कृति का प्रारम्भिक मूल्यांकन किया। दूसरी तरफ़ इधर के नये परिदृश्य में इस कृति की अर्थवत्ता और महत्ता को स्थापित करने वाले लेख हैं। जहाँ अमृतलाल नागर, गिरिराज किशोर और विश्वम्भर मानव ने प्रशंसापूर्ण समीक्षाएँ लिखी थीं, वहीं इलाचन्द्र जोशी और सर्वेश्वरदयाल सक्सेना ने किंचित निरपेक्ष मूल्यांकन का प्रयास किया था। इधर के नये लेखों में डॉ. राजकुमार सैनी, विज्ञान भूषण और अभिषेक सौरभ ने कृति की प्रासंगिकता के साथ नयी युग दृष्टियों को भी ध्यान में रखा है। हिन्दी साहित्य में स्थान बना चुके स्त्री विमर्श के लिए यह कृति किसी रोचक परीक्षा से कम नहीं है। नयी पीढ़ी के शोधार्थी अभिषेक सौरभ और कवि-समीक्षक विज्ञान भूषण के आलेख भी समकालीन तनावों के मध्य कृति की समीक्षा करते हैं।

कृति का सम्पूर्ण आस्वाद ले सकने और इसके महत्त्व का किंचित गहराई से अनुमान कर सकने की आकांक्षा से परिशिष्ट में भी कुछ सामग्री दी जा रही है। *आवारा मसीहा* के तीन प्रारम्भिक संस्करणों के लिए लिखी विष्णु प्रभाकर की भूमिकाएँ यहाँ पाठकों को लेखक के पक्ष से रू-ब-रू होने का अवसर देंगी। जीवनी साहित्य के क्षेत्र में हिन्दी में अमर कृति के रूप में स्थान बना चुकी यह पुस्तक अपने प्रांजल गद्य, लेखकीय समर्पण और निष्ठा के साथ समय के प्रवाह को अंकित करने के लिए भी स्मरणीय है। यह शरत्चन्द्र के जीवन और उस युग के यथार्थ को उद्घाटित करती है तो साहित्य व साहित्यकार के प्रति सामान्य पाठकों में विवेकपूर्ण श्रद्धा का संचार भी करती है। आशा करनी चाहिए कि भारतीय साहित्य की धरोहर बन चुकी इस कृति के महत्त्व और मान को यह किताब न केवल प्रतिपादित करेगी अपितु कृति के बहाने विधा के विन्यास पर विचार के लिए भी नया उत्साह उत्पन्न कर सकेगी।

—पल्लव

pallavkidak@gmail.com

साहित्य और ज़िन्दगी की पहचान

गिरिराज किशोर[*]

हिन्दी साहित्य आत्म-कथाओं और जीवनियों की दृष्टि से 'विपन्न' साहित्य है। सामान्य रूप से यह बात अन्य भारतीय भाषाओं के बारे में भी कही जा सकती है। अंग्रेज़ी में जीवनियाँ भी हैं और आत्मकथाएँ भी। राजनीतिज्ञों की जीवनियाँ छोड़ दी जायें तो पता चलेगा कि रचनात्मक स्तर पर इस जाति की कृतियाँ लगभग नहीं हैं। आत्म-कथाओं के नाम पर राहुल जी की आत्मकथा, उग्र जी की *अपनी ख़बर* और बच्चन जी की जीवनी के तीन भाग ही प्रमुख रूप से सामने आते हैं। जीवनी के नाम पर प्रेमचंद के बेटे अमृतराय द्वारा लिखी गयी प्रेमचंद की जीवनी *कलम का सिपाही*, रामविलास जी द्वारा रचित *निराला की साहित्य साधना* और विष्णु प्रभाकर जी द्वारा लिखी गयी शरत् की जीवनी *आवारा मसीहा* है। एक शान्ति जोशी द्वारा लिखी गयी सुमित्रानन्दन पंत की जीवनी और है।

जीवनियों में प्रेमचंद की *कलम का सिपाही* पढ़ते हुए कुछ ऐसा लगा था कि उसमें बिखराव अधिक है और भाषा के स्तर पर एक अजीब तरह की निस्तेजता है। हालाँकि उसमें बोलचाल की भाषा का प्रयोग करने की पूरी कोशिश है। लेखक या तो प्रेमचंद जी के पुत्र होने के कारण इस बात से मोह-मुक्त नहीं हो पाये कि क्या छोड़ें और क्या जोड़ें या फिर उनकी सामर्थ्य से यह काम कुछ बड़ा था जो अच्छी तरह पूरा नहीं हो पाया। वैसे अमृतराय अपनी पीढ़ी के सामर्थ्यवान लेखक रहे हैं। *निराला की साहित्य साधना* अवश्य एक महत्त्वपूर्ण ग्रन्थ है। उसे पढ़कर आँखें खुली रह जाती हैं। लगता है कोई

---

[*]हिन्दी के जाने-माने कथाकार-उपन्यासकार। इनकी पुस्तक *पहला गिरमिटिया* साहित्य अकादमी पुरस्कार से सम्मानित है।

हीन भावना जगाने वाला ग्रन्थ पढ़ा गया है। *निराला की साहित्य साधना* के दोनों खण्ड निराला के व्यक्तित्व और कृतित्व पर आधारित हैं। पर इन ग्रन्थों को पढ़ते हुए लगता है कि वे निराला से अधिक रामविलास जी की कलम का परिचय देते हैं। वैसे किसी भी ग्रन्थ से उसके लेखक की कलम और उसके चिन्तन का परिचय ही मिलता है परन्तु जीवनियों में कलम का काम 'विषय' को उसकी सम्पूर्णता में उभारना होता है। *निराला की साहित्य साधना* पढ़ते समय रामविलास जी की श्रद्धा, आत्मीयता और समर्थ अभिव्यक्ति आदि सभी के दर्शन होते हैं परन्तु यह पता नहीं चलता कि निराला अपने-आपमें महत्त्वपूर्ण थे या रामविलास जी के द्वारा उन पर पुस्तक लिखे जाने के कारण वे महत्त्वपूर्ण हो गये। कभी-कभी रामविलास जी का आलोचना-प्रधान व्यक्तित्व इतना छाता चला जाता है कि लगता है उनके सान्निध्य के कारण तथा उनके जैसा जीवनीकार पा जाने की वजह से निराला बड़े हुए हैं। शायद जीवनी लिखने के लिए आलोचक वाला अहं अनावश्यक होता है। वह अहं इस ग्रन्थ की सम्पूर्ण विशिष्टता के बावजूद पाठक को कहीं-कहीं पर टोकता हुआ-सा मालूम पड़ता है। फिर भी यह मान लेने में संकोच नहीं होना चाहिए कि *निराला की साहित्य साधना* रामविलास जी की श्रद्धा, भक्ति, आत्मीयता, आलोचनात्मक तीखेपन, तार्किकता और रचनात्मकता का महत्त्वपूर्ण दस्तावेज़ है।

जीवनी साहित्य में एक बात अक्सर अनुभव होती रही है कि हिन्दी के जीवनीकारों के सामने एक बहुत बड़ी समस्या यह होती है कि वे अपने और 'विषय' के बीच क्या सम्बन्ध रखे हैं? दरअसल एक उपन्यास लिखना जीवनी लिखने से आसान है, उसमें खुला आसमान होता है। कल्पना का सहारा लेना उसमें वर्जित नहीं होता। परन्तु जीवनी लिखनेवाले के लिए तथ्यों से इधर-उधर होने की इजाज़त नहीं होती। जीवनीकार तथ्य को छोड़ने की जुर्रत तो कर सकता है पर वह उन्हें तोड़ने-मरोड़ने की छूट नहीं ले सकता। जीवनीकार को इस बात की इजाज़त भी नहीं कि वह अपने निष्कर्ष उस पर लादे या अपने अहं से उसको ढाँके। उसे उसी के जीवन से निष्कर्ष निकालने पड़ते हैं। यह भी कभी-कभी होता है कि जीवनीकार का व्यक्तित्व 'विषय' के व्यक्तित्व से सिंजल पड़ता हो पर जीवनीकार के लिए जीवनी लिखते समय

'विषय' की दुर्बलताओं, गुण-दोषों और अनुभवों को ही महत्त्व देना पड़ता है। अपने इसी सन्तुलन के बल पर कई बार जीवनीकार व्यक्ति को अमर कर देता है। सार्त्र ने ज्यां जेने जैसे 'व्यक्ति' की जीवनी लिखते समय लिखकर उसे अद्वितीय व्यक्तित्व बना डाला। कहीं पर भी ऐसा नहीं लगता कि सार्त्र ने अपने जीवन के निष्कर्षों को उस पर लादने का प्रयत्न किया हो। 'लिटिन स्ट्रेची' द्वारा लिखी गयी महारानी विक्टोरिया की जीवनी को पढ़कर यह प्रश्न दिमाग में सदा आता है कि ऐसी बेलौस जीवनियाँ हिन्दी में क्यों नहीं? उस प्रकार का सन्तुलन हिन्दी के जीवनीकारों में बहुत कम है। इसका उत्तर कई प्रकार से दिया जा सकता है।

एक उत्तर है कि भारतीय भाषाओं के साहित्यकारों के पास चिन्तन और जीवन को जीने का अनुभव कम होता है। यदि होता है तो उसे संजोना कठिन पड़ता है। दरअसल घटनाएँ ही अनुभव नहीं होतीं। छोटी-छोटी प्रतिक्रियाएँ, चिन्तन के स्तर पर जिये हुए क्षणांश भी अनुभव के अन्तर्गत आते हैं। कई बार लगता है कि हम लोग आँखें बन्द करके जी रहे हैं। जीने के सूक्ष्मतर स्तरों पर पहुँचकर भी हम उन्हें पकड़ नहीं पाते। कई बार देखने में आता है कि वे व्यक्ति, जिनकी जीवनी लिखी जानी है, ऐसे स्तरों को भी अनदेखा करके गुज़र जाते हैं जहाँ उनका अपना सत्य और वास्तविक अनुभव केन्द्रित होता है। अगर देखते भी हैं तो उसे सँजोकर नहीं रखते।

जीवनीकार को अपनी संवेदनशीलता को 'विषय' की संवेदनशीलता तक पहुँचाना पड़ता है। 'व्यक्ति' के न रहने पर उसकी संवेदनशीलता जीवित रहती है परन्तु जीवनीकार के लिए उस तक पहुँचने के लिए अपने-आपको बहुत बदलना पड़ता है। यदि जीवनीकार संवेदनशील है तो वह 'विषय' को कभी भी पा सकता है। लिटिन स्ट्रेची के द्वारा लिखी गयी जीवनी आज भी इस दृष्टि से महत्त्वपूर्ण दिखलाई पड़ती है। हिन्दी में अच्छी जीवनियाँ न होने का एक कारण यह भी दिया जा सकता है कि जीवनीकार समुचित भाषा नहीं खोज पाये। यद्यपि इसे मानने में थोड़ा संकोच होता है और साथ ही हिचक भी। कई बार विषय अपनी भाषा अपने-आप खोज लेता है। परन्तु उस विषय का रचनाकार के ऊपर दबाव होना आवश्यक है। जीवनियाँ कम लिखे जाने

के पीछे एक मनोवैज्ञानिक कारण भी है। साहित्यकारों में वह साहित्यकार द्वितीय श्रेणी का साहित्यकार माना जाता रहा है जो जीवनियाँ लिखता है। साहित्यकार का अहं उसे किसी दूसरे व्यक्ति के प्रति श्रद्धा और आस्था रखने के लिए वर्जित करता है। इसका कारण बिलकुल समझ में नहीं आता। इस दृष्टिकोण ने हिन्दी साहित्य को जीवनियों की दृष्टि से काफ़ी हद तक विपन्न बनाये रखा। अमृतराय तो प्रेमचंद जी के सुपुत्र थे परन्तु रामविलास और विष्णु प्रभाकर ने प्रतिष्ठित साहित्यकार होने के बावजूद इस भ्रम को तोड़ा है। जीवनियाँ लिखकर उनके व्यक्तित्व बड़े ही हुए हैं।

कलम का सिपाही और *निराला की साहित्य साधना* से जिस परम्परा का सूत्रपात हुआ और जीवनियों के लिए एक रास्ता खुला उस उद्देश्य को *आवारा मसीहा* से काफ़ी बल मिला। वास्तव में विष्णु प्रभाकर एक हद तक तटस्थता को बनाये रह सके हैं। वह तटस्थता इसी सीमा तक मानी जा सकती है कि उन्होंने अपने निष्कर्षों को अपने 'शरत्' पर नहीं लादा। शरत् के प्रति सम्पूर्ण श्रद्धा होने के बावजूद उन्होंने अपनी रचनात्मकता को इस सीमा तक छूट नहीं दी कि वह 'विषय' के पीछे-पीछे जस-तस चलती चली जाये और उनके जीवन के अनुरूप सही निष्कर्ष निकालने की सामर्थ्य समाप्त हो जाये। इसका तर्क यह दिया जा सकता है कि विष्णु प्रभाकर न तो भाषा की दृष्टि से शरत् से जुड़े थे और न उनकी व्यक्तिगत स्तर पर उनसे आत्मीयता ही थी। अमृतराय प्रेमचंद के पुत्र ही थे और रामविलास, निराला जी के निकटतम स्नेहियों में से थे। इसका अर्थ यह नहीं कि जीवनीकार की 'विषय' के साथ आत्मीयता वर्जित है। केवल आवश्यकता इस बात की है कि जीवनीकार में अपनी सम्पूर्ण आत्मीयता और संवेदनशीलता के बावजूद दूरी भी बनाये रखने की सामर्थ्य होनी चाहिए। वह दूरी रामविलास जी में भी है परन्तु उनकी दूरी में उतार-चढ़ाव अधिक मालूम पड़ता है। उनकी तटस्थता पेंडुलम की भाँति इधर आती और उधर जाती रहती है।

रामविलास जी का एक बहुत बड़ा गुण उनकी इस कृति में दिखलाई पड़ता है कि वे निराला के साथ अपनी निकटता के बल पर अत्यधिक स्पष्टवादिता से काम लेने लगते हैं और साथ ही कभी-कभी भक्ति-भाव उन पर इतना हावी

हो जाता है कि निराला के दोषों को भी वे 'ग्लोरिफ़ाई' कर बैठते हैं। कभी उनका आलोचक प्रखर हो उठता है और कभी उनका निराला-भक्त रामविलास ज़ोर लगा देता है। आलोचक के लिए स्पष्टवादिता परम आवश्यक गुण है। जीवनीकार की स्पष्टवादिता आलोचक की स्पष्टवादिता नहीं होती। ये दोनों गुण पाठक को जीवनी से अधिक उनकी ओर आकर्षित करते हैं। रामविलास जी के व्यक्तित्व का यह विरोधाभास इस कृति में काफ़ी स्पष्ट है। विष्णु प्रभाकर इससे पूरी तरह मुक्त हैं। क्योंकि वे स्वभाव से भी 'एक्सट्रीमिस्ट' (अतिवादी) नहीं। परन्तु एक धारा उनमें भी है, श्रद्धा की। इस धारा ने उनकी भाषा को काफ़ी हद तक प्रभावित किया है। उनकी भाषा न तो पाठक पर दबाव डालती हुई मालूम पड़ती है और न 'शरत्' के जीवन से प्राप्त होने वाले निष्कर्षों को प्रभावित करती है। दरअसल यह दोनों जीवनीकारों के व्यक्तित्वों का अन्तर है।

आवारा मसीहा की भूमिका पढ़ने से पता चलता है कि विष्णु प्रभाकर के लिए भी शरत् की जीवनी लिखना एक चैलेन्ज बन गया था। इस चैलेन्ज को उन्होंने स्वीकार भी लिया और पूरा भी किया। हालाँकि शरत् के ऊपर काम करना और उनके जीवन से निष्कर्षों को खोज पाना कोई साधारण काम नहीं था। वह भी एक ऐसे व्यक्ति के लिए जो उस भाषा और साहित्य से जुड़ा हुआ न हो। शरत् के बारे में जो भी मत उपलब्ध हुए वे सब परस्पर विरोधी थे। उनके बीच रास्ता खोज निकालना कठिन था। उस स्थिति में जीवनीकार के पास दो विकल्प बचते थे—या तो वह उन विरोधाभासों के बल पर एक ऐसी चमत्कारिक स्थिति पैदा कर देता कि शरत् बाबू सिद्ध पुरुष या पहुँचे हुए सन्त के रूप में सामने आते। या फिर शरत् को इतना पतित और खण्डित व्यक्ति के रूप में प्रस्तुत किया जाता कि उनका सारा कृतित्व उनके तथाकथित व्यभिचार के नीचे दब जाता। परन्तु विष्णु प्रभाकर ने शरत् को शरत् के रूप में खोजने का पूरा प्रयत्न किया। उन्हें अस्वाभाविक स्थितियों से बचाने का पूरा प्रयत्न किया। वैसे भी शरत् बाबू धर्म-प्रचार या दीक्षादान के लिए तो अवतरित हुए नहीं थे। वह एक मनुष्य थे। उनमें मनुष्य की सम्भावित दुर्बलताएँ थीं। उनके जीवन में उन विरोधाभासों का होना स्वाभाविक था। लेकिन वे संवेदनशील और अभिव्यक्ति सिद्ध थे इसलिए साहित्यकार भी थे। उनके सारे जीवन को

इस सन्दर्भ में ही विष्णु जी ने देखा और आँका है।

शरत् ने जितने प्रकार के महिला पात्रों का सृजन किया है उससे लगता है कि वे भिन्न प्रकार की सैकड़ों महिलाओं के सम्पर्क में आये होंगे। सम्पर्क में यदि नहीं भी आये होंगे तो उन्हें निकट से देखा होगा। तभी वे उन भिन्न और अनेक मानसिकताओं को अपने महिला पात्रों में स्थापित कर पाये। इसलिए उन्हें सन्त के रूप में प्रस्तुत करना झूठ होता। विष्णु प्रभाकर इस तथ्य के प्रति लगातार जागरूक दिखाई पड़ते हैं। इस दृष्टि से उन्होंने शरत् के साथ पूरी तरह न्याय किया। परन्तु जहाँ उनकी व्यक्तिगत कमज़ोरी का प्रश्न आया वहाँ उन्होंने उसे अंडरटोन करने का प्रयत्न किया। दूसरे शब्दों में लीपापोती भी की है। रामविलास इस बारे में कई स्थानों पर काफ़ी स्पष्टवादी हैं। उनकी स्पष्टवादिता के कारण निराला के साथ थोड़ा अन्याय भी हो गया है। विष्णु प्रभाकर के पास शरत् की कमज़ोरियों का एक ही जवाब है कि वे भावुक और संवेदनशील थे। उनकी सम्पूर्ण कमज़ोरियों के बावजूद उनकी महानता अक्षुण्ण है। उनकी इस प्रतिक्रिया के दो कारण मालूम पड़ते हैं। शरत् के प्रति अतिरिक्त श्रद्धा है। यह एक मोटा कारण है। दूसरा कारण यह हो सकता है कि उन्होंने साहित्यकार के नाते शरत् को खोजने में अतिरिक्त संवेदनशीलता से काम लिया है, वे उस बिन्दु तक पहुँच गये हैं जहाँ शरत् अपनी प्रतिक्रियाओं और क्रिया-कलापों को संयोजित करते थे। या यह कहा जा सकता है कि वे शरत् के आमने-सामने होने की स्थिति में अपने आपको पाते हैं। हो सकता है कि विष्णु प्रभाकर बहुत गहरे तक अन्दर नहीं उतर पाये हों तो भी उन्होंने काफ़ी गहरे गोता लगाकर शरत् के अन्तरमन को खोजा है।

शरत् की कुण्ठा को उन्होंने छिपाया नहीं। कमियों को ढका नहीं। इतने संगदिल भी नहीं हुए कि उन्होंने शरत् को नंगा कर दिया हो। शरत् के जीवन के उन स्थलों को उन्होंने फिसलने नहीं दिया जहाँ वे अपने सम्पूर्ण मानवीय तत्त्व के साथ मौजूद हैं। शरत् जब ऐसा कहते हुए दिखाई पड़ते हैं कि उन्हें अपने विरुद्ध फैले प्रवादों को सुनने में मज़ा आता है तो इससे यह पता चलता है कि जो वे करते हैं या करते रहे हैं उसमें निहित तर्क और कुतर्क से पूरी तरह अवगत हैं। एक जगह शरत् कहते हैं कि स्त्री से उन्हें कोई लगाव

नहीं। दूसरी ओर निरुपमा के भाई को वे यह भी लिखते हैं कि उनके जीवन में स्त्रियों की कमी नहीं। उनका एक परिचित कहता है कि उनकी जीवनी लिखने के लिए चार गुण्डों का जीवन देख लेना काफ़ी होगा। जिसके जीवन के बारे में इतनी भ्रान्तियाँ हों, प्रवाद हों, वही व्यक्ति अपनी उस प्रेमिका के बारे में इतना अधिक प्रतिश्रुत हो कि जितने भी स्त्री-चरित्र गढ़े जायें वे सब उसकी अनुहार पर हों या फिर उसकी प्रतिक्रिया-स्वरूप निर्मित हुए हों। विष्णु प्रभाकर ने इस तथ्य को बहुत बारीकी से रेखांकित किया है। शरत् के नारी चरित्रों को खोजना, हो सकता है, उनका अतिरिक्त प्रयत्न लगे। परन्तु यह भी सही है कि साहित्यकार कहीं-न-कहीं अपने अनुभव का ही अपने चारों ओर दायरा खींचकर उसी में से अपने पात्रों का सृजन करता है। विष्णु प्रभाकर ने स्वयं साहित्यकार होने के नाते इसको बहुत गहराई से पहचाना है और जीवनी में अपनी इस पहचान का उपयोग भी किया है। 'नीरदा' और 'राज्य-लक्ष्मी' निरुपमा की अनुकृति हैं या नहीं यह तो कोई नहीं कह सकता परन्तु छाया को पहचाना जा सकता है। चरित्रहीन महिलाओं की छाप निरुपमा के बिलकुल विपरीत पड़ती है। परन्तु निरुपमा जैसे आत्म-भोगी और अन्तरमुखी व्यक्ति के विरोधाभास में इस प्रकार के जगभोगी चरित्रों का निर्माण करना कहीं-न-कहीं शरत् की कुण्ठा को सुकून देता होगा। लेखक के पास सिवाय इसके और क्या होता है कि वह अपने ईर्ष्या, द्वेष, प्यार, उत्सर्ग से ही छोटे और बड़े पात्रों को बनाता चला जाये और उनके माध्यम से होने वाली अभिव्यक्ति के सहारे अपने सन्तुलन को बनाये रखे। उनकी यही अभिव्यक्ति शायद उन्हें इतने वर्षों तक नौकरी कराती रही, नहीं तो एक ऐसे संवेग-प्रधान व्यक्ति के जीवन में इस प्रकार का स्थायित्व कैसे सम्भव होता? इस प्रकार के संवेग-प्रधान और भावुक व्यक्ति के जीवन में यदि किसी प्रकार स्थायित्व देखने को मिलता है तो उसका यही एकमात्र तर्क होता है कि वह कहीं-न-कहीं ऐसे खूँटे से बँधा है जिसके उखड़ते ही वह बच नहीं सकता। शरत् का लेखन ही उनका वह खूँटा था। इस तथ्य को विष्णु प्रभाकर प्रकारान्तर से जीवनी में ले आये हैं।

जीवनीकार के लिए जितना अधिक कठिन शरत् के जीवन के बारे में फैले परस्पर विरोधी तथ्यों के बीच से रास्ता खोजना था, उतनी ही सहायता

उन्हें शरत् के बारे में प्रकाशित सामग्री, उनके पत्रों तथा हिन्दी और बांग्ला में लिखी गयीं पुस्तकों से भी मिली। लेकिन उनका उपयोग विष्णु प्रभाकर ने अपने निष्कर्षों को सम्पुष्ट करने के लिए किया। जहाँ-जहाँ उन्होंने अन्य लोगों की कृतियों से सहायता ली, वहाँ-वहाँ उनका उल्लेख करने की सदाशयता बरती। वैसे भी जीवनीकार के लिए सभी सूत्रों और माध्यमों से सम्पर्क करना और उनकी सहायता प्राप्त करना एक अनिवार्यता होती है। रामविलास जी के लिए इस दृष्टि से थोड़ी कठिनाई थी। निराला के बारे में अपेक्षाकृत कम सामग्री उपलब्ध थी। वैसे उनको यह सुविधा अवश्य मिल गयी कि उनको अपने निष्कर्षों पर पहुँचने के लिए ऐसे प्रवादों के बीच से रास्ता नहीं बनाना पड़ा जो परस्पर विरोधी हों या जिन पर चलकर किसी बात तक पहुँचना कठिन पड़ जाये। निराला हिन्दी में उतने बदनाम और विवादास्पद व्यक्ति कभी नहीं रहे।

एक बात विष्णुजी के विपक्ष में पड़ती है। कभी-कभी वह अखरती भी है। वह है शरत् बाबू और रवीन्द्र बाबू के बीच का मतभेद। उसका कारण यह हो सकता है कि रवीन्द्र बाबू आभिजात्यता और सम्पन्नता के प्रतीक थे और शरत् बाबू विपन्नता और संघर्ष के प्रतीक थे। यह भी सम्भव है कि रवीन्द्र बाबू के द्वारा शरत् बाबू के लेखकीय आत्म-सम्मान को कहीं कोई चोट पहुँची हो या रवीन्द्र बाबू ने अपने स्वभाव के अनुसार उन्हें 'पेट्रोनाइज़' (संरक्षण प्रदान) करने का प्रयत्न किया हो, या शरत् ने ही अपनी सीमा के बाहर जाकर उनके सम्मान को अस्वीकारा हो। हालाँकि इन बातों का प्रमाण कहीं नहीं मिलता। इसके अतिरिक्त यह भी सम्भव है कि रवीन्द्र बाबू को ही यह लगा हो कि कहीं शरत् उनके प्रतिद्वन्द्वी के रूप में सामने न आ खड़े हों। इस मतभेद का कोई-न-कोई कारण था अवश्य। यह मतभेद भी कम नहीं था। परन्तु विष्णु प्रभाकर ने उस पर काफ़ी लीपा-पोती करने की कोशिश की है। हो सकता है कि उन्हें यह लगा हो कि यदि यह विरोध स्पष्ट रूप से सामने आ गया तो शरत् बाबू की प्रतिष्ठा गिर जायेगी। अगर उनके मन में इस प्रकार का कोई भाव था तो शायद वह उचित नहीं था। दो समकालीन शक्तिशाली रचनाकारों के बीच प्रतिस्पर्धा होना या विरोध होना एक तरह से जीवन्तता का प्रतीक होता है। कभी-कभी यही भाव शायद अच्छी रचनाओं का मूल स्रोत

बन जाता है। शरत् बाबू तो वैसे भी संवेगों के आगार थे। उनका लेखकीय स्तर पर किसी से विरोध हो सकता था तो रवीन्द्र बाबू से ही हो सकता था। अगर न होता तो आश्चर्य की बात होती। निराला और सुमित्रानन्दन पंत के पारस्परिक विरोध को रामविलास ने काफ़ी स्पष्ट किया है। विष्णु प्रभाकर ने भी इस विरोध को दबाया नहीं परन्तु बहुत स्पष्ट नहीं होने दिया। अगर कहीं वे इस प्रकरण को साफ़ कर पाये होते तो शरत्, शरत् न रह गये होते। अब शरत्, शरत् तो हैं परन्तु उनकी जिजीविषा थोड़ी दब गयी है।

विष्णु जी ने शरत् के राजनीतिक व्यक्तित्व के सन्दर्भ में फैले भ्रम को काफ़ी सीमा तक हटाया है। उनकी राजनीतिक मान्यताओं और राजनीतिक पात्रों को लेकर काफ़ी भ्रम फैला हुआ था। किंवदन्तियों के अनुसार उन्हें भी आतंकवादी आन्दोलन का हिस्सेदार माना जाता रहा है। 'सव्यसाची' और 'शरत्' के एक होने की बात कई लोगों से सुनी गयी। यह सही है कि उनका सुभाष बाबू और आतंकवादियों से निकट का सम्बन्ध था परन्तु यह भी सही है कि वे देशबन्धु के निकटतम सहयोगी थे। उन्होंने स्वयं भी कहा है कि मैं उसका (हिंसा का) समर्थन नहीं करता, यह सत्य है। फिर भी न जाने क्यों क्रान्तिकारियों के प्रति मेरे अन्दर यह एक कमज़ोरी रह गयी है। इसलिए खतरा उठाकर भी उनसे सम्पर्क रखने और कभी-कभी यथासम्भव आर्थिक मदद करने में तनिक भी आगा-पीछा नहीं करता।

शरत् बाबू गाँधीजी और देशबन्धु के साथ चर्खा कात सकते थे और आलू बेचते हुए क्रान्तिकारी को पनाह भी दे सकते थे। यह विरोधाभास उनके व्यक्तित्व का स्वाभाविक विरोधाभास है। शायद उनके ज़माने में राजनीति इतना सीमित दृष्टिकोण नहीं रखती थी। राजनीति में भाग लेते हुए भी शरत् साहित्यकार थे। शायद यह एक जेनुइन (वास्तविक) साहित्यकार का गुण है कि वह चाहे किसी भी फ्रन्ट पर कार्य करता रहे परन्तु अपने साहित्यकार से अलग नहीं हो पाता। राजनीति में भाग लेने के बाद शरत् जिस निष्कर्ष पर पहुँचे उससे यही लगता है कि साहित्यकार के लिए राजनीति से कुछ भी पा सकना कठिन होता है। राजनीति ऐसी गाय है जिसे हर कोई नहीं दूह सकता। दरअसल साहित्यकार में आत्म-सम्मान, अहं और अपने कृतित्व का एक ऐसा

सम्मिश्रण होता है जो उसे राजनीति के खोखे में फिट नहीं होने देता। इस बात को उन्होंने चन्द्रनगर की गोष्ठी में बोलते हुए स्वीकार किया था, ''राजनीति में भाग लिया था, किन्तु अब उससे छुट्टी ले ली है। उस भीड़ में कुछ नहीं हो सका। बहुत-सा समय नष्ट हुआ। इतना समय नष्ट न करते तो भी चल सकता था। जो हुआ सो हुआ। कुछ अनुभव ही प्राप्त हुआ। आगे से अपनी साहित्यसाधना में ही लगा रहूँगा।''

विष्णु प्रभाकर ने इस दृष्टि से भी शरत् को आँका। दरअसल साहित्यकार को सिवाय साहित्य के हर जगह पछतावा ही हाथ लगता है। अन्त में वह साहित्य की ओर लौटकर ही अपना बन्दरगाह तलाश करता है। यह भी प्रकारान्तर से प्राथमिकता निर्धारित करने का प्रश्न है। शरत् ने प्राथमिकता साहित्य को ही दी। एक समर्पित साहित्यकार साहित्य सागर में खड़े अकेले जहाज़ की तरह होता है। राजनीति उसकी परिपूरक तो बन सकती है परन्तु उसे साहित्य का पर्याय नहीं माना जा सकता है। शरत् के जीवन के इस पक्ष को विष्णु प्रभाकर ने काफ़ी अच्छी तरह रेखांकित किया है। यह प्रश्न प्रत्येक जेनुइन साहित्यकार के जीवन से जुड़ा हुआ प्रश्न है।

जीवनी को अर्थपूर्ण बनाना और सम-सामयिक प्रश्नों से जोड़ना अपने-आपमें एक महत्त्वपूर्ण बात नहीं, जीवनी लिख पाना ही अपने-आपमें सबसे कठिन बात है। विशेष रूप से ऐसे व्यक्ति की जीवनी लिखना संवेदना के अतिरिक्त उपयुक्त भाषा की भी माँग करता है। भाषा की दृष्टि से विष्णु प्रभाकर अपने-आप से निकलकर ऊपर आये हैं। इस उम्र पर पहुँचकर एक नयी विधा के लिए नयी भाषा को तलाश लेना अपने-आपमें एक उपलब्धि है। हो सकता है कि भाषा के आड़े आ जाने के कारण ही विष्णु प्रभाकर ने एक स्तर पर निर्णय लेने की सोची हो कि वे जीवनी के कार्य को वहीं छोड़ दें जहाँ पर वह है। परन्तु उन्होंने अपने लिए एक भाषा को खोज निकाला। यह अवश्य है कि उनकी इस भाषा में भावुकता का पुट है। शरत्चन्द्र की जीवनी के लिए यदि भाषा में भावुकता का समावेश न हुआ होता तो फिर होता भी क्या। जिस रचनाकार की हर रचना, हर पात्र, हर विवरण भावुकता पर आधारित है उसकी जीवनी शुष्कता से कैसे लिखी जाती ? एक और भी

कारण है, वह है विष्णु प्रभाकर की शरत् के प्रति व्यक्तिगत श्रद्धा। श्रद्धा और शुष्कता दोनों साथ-साथ नहीं चल पाते। यह आदमी को भिगोये बिना नहीं रहती। यह अवश्य है कि भक्ति की तरह श्रद्धा अन्धी नहीं होती। यह बात पूरी जीवनी में पूरी तरह परिलक्षित होती है। चाहे विवादास्पद स्थलों को विष्णु प्रभाकर ने अधिक विवादास्पद न बनने दिया हो परन्तु ऐसा नहीं कि उन्होंने उसकी तरफ़ से नज़र फेर ली हो। सम्पूर्ण ईमानदारी के साथ उसका उल्लेख किया गया है। उन्होंने भूमिका में इस बात को कहा है, ''एक बात विश्वास के साथ कही जा सकती है कि मैंने कला को भले ही खोया हो, आस्था को एक क्षण के लिए नहीं खोया और निरन्तर सशक्त और सच्ची संवेदना की घड़ियों को खोजने का प्रयत्न किया।''

इसके सिवाय एक लेखक कह भी क्या सकता है। विष्णु प्रभाकर के वक्तव्य से यह भी लगता है कि वे जीवनी के लिए कला को उतनी प्रमुखता नहीं देते जितनी आस्था को देते हैं। हालाँकि कला के क्षेत्र को उन्होंने स्पष्ट नहीं किया परन्तु यह भी उल्लेखनीय है कि साहित्य से जिस कला का सम्बन्ध होता है वह काफ़ी सीमा तक इस कृति में है। उनकी यह कला ग्रन्थ की आवश्यकता के अनुरूप रचनात्मकता से ही निकली है। आरोपित नहीं है। विष्णु प्रभाकर इस बारे में काफ़ी सचेत भी मालूम पड़ते हैं। विष्णु प्रभाकर की शरत् के प्रति आस्था अमृतराय की प्रेमचंद के प्रति निहित आस्था से भिन्न है और रामविलास जी की निरालाजी के प्रति आत्मीयता से भी। इसी भिन्न आस्था के आधार पर विष्णु प्रभाकर यह जीवनी लिख भी पाये।

कुल मिलाकर *आवारा मसीहा* एक सार्थक कृति है। रचनाकार की आस्था और संवेदना ने इस कृति को प्रामाणिकता प्रदान की है। विष्णु प्रभाकर की इस रचनात्मकता का उनकी अन्य कृतियों में भी दर्शन होता है परन्तु इस कृति में वह चरमोत्कर्ष पर है। इस जीवनी में वे संवेदना के स्तर पर निरन्तर शरत् के साथ जुड़े रहे हैं।

भारतीय साहित्य की एक घटना

इलाचन्द्र जोशी[*]

आवारा मसीहा का सबसे प्रमुख महत्त्व इस बात पर है कि शरत् के महान आदर्श चरित्र को कलंकित करने वाली घोर काली बाढ़, बंगाल के सस्ते किस्म के सनसनीप्रिय साहित्यिक नामधारी लेखकों द्वारा लिखित, जो तथाकथित 'जीवनियाँ' बंगालेतर प्रदेशों में भी बड़ी तेज़ी से फैलती चली जा रही थीं, उनके विरुद्ध विष्णु जी ने एक चट्टानी (या लौह) दीवार खड़ी कर दी है। यह अपने आप में एक बहुत बड़े पराक्रम, बल्कि विक्रम का काम है।

विष्णु जी द्वारा लिखी गयी यह जीवनी एक प्रतिज्ञाबद्ध सत्यान्वेषी की अपूर्व निष्ठा, अनुपम आस्था और बेजोड़ इच्छाशक्ति का काम है। केवल वही व्यक्ति ऐसी सफल, सर्वगुण सम्पन्न और निर्दोष जीवनी लिख सकता था, जिसने शरत्-साहित्य को सच्चे प्रेम द्वारा, शरत् की अन्तरात्मा को उसके मूलगत और यथार्थ रूप में पकड़ लिया हो। शरत् के समान अद्भुत मनस्तत्त्ववेत्ता और मानव–चरित्र के असंख्य रहस्यों के ज्ञाता और मानव की अनगिनत ऊर्ध्वगामी और निम्नगामी प्रवृत्तियों के प्रति आश्चर्यजनक रूप में सहानुभूतिशील मानव लेखक की अन्तरात्मा को तात्विक रूप में पकड़ पाना खेल नहीं है। केवल सच्चे प्रेम की कुंजी ही उसे पकड़ सकती है, जिसे विष्णु जी ने अपनी अविरत साधना द्वारा प्राप्त किया है। बाघ मारकर बाघम्बर पर बैठकर बड़े आराम की साँस लेते हुए जो भूमिका उन्होंने लिखी है उसमें उन सभी व्यक्तियों पर मीठे व्यंग्य कसे हैं, जिन्होंने शरत् की जीवनी लिखने के लिए उन्हें यथेष्ट प्रोत्साहन नहीं दिया।

---

[*]हिन्दी के जाने–माने कथाकार, उपन्यासकार। अनेक महत्त्वपूर्ण कृतियों के लेखक इलाचन्द्र जोशी जी का निधन 1982 में हो गया था।

आवारा मसीहा का प्रकाशन ऐसे युग में हुआ है जब शरत्-साहित्य से हिन्दी-पाठकों का परिचय व्यापक रूप से हो चुका है और नये पाठकों का साहित्यबोध काफ़ी परिपक्व होकर प्रौढ़ता प्राप्त कर चुका है। इसलिए यह पुस्तक आज हर दृष्टि से महत्त्वपूर्ण सिद्ध हो रही है।

विष्णु जी का कहना है कि शरत् की जीवनी लिखने की कोई योजना प्रारम्भ में उनके मन में नहीं थी। पर नियति का यह नियम है कि उसे जो काम युग के हित के लिए करवाना होता है उसे वह ऐसे व्यक्ति से करवाकर ही दम लेती है, जो उसकी दृष्टि में सबसे अधिक उपयुक्त हो। अतएव उसने एक दिन विष्णु जी के दरवाज़े पर जाकर धरना दिया और विष्णु जी को यह प्रस्ताव स्वीकार करके योजना बनानी ही पड़ी। विष्णु जी ने अपनी भूमिका में बताया है कि हिन्दी ग्रन्थ-रत्नाकर (बम्बई) के अध्यक्ष स्वर्गीय श्री नाथूराम प्रेमी ने उनसे शरत् की जीवनी लिखने का आग्रह किया। प्रेमी जी शरत् के बड़े प्रेमी थे। और, जहाँ तक मुझे याद आता है, सन् सत्ताईस या अट्ठाईस में उन्होंने एक पत्र मुझे भी लिखा था, जिसमें अन्य बातों के अतिरिक्त इस बात के लिए भी अनुरोध किया था कि मैं शरत्चन्द्र को इस बात के लिए राज़ी करूँ कि वह उन्हें (प्रेमी जी को) उनकी सभी रचनाओं का हिन्दी-अनुवाद प्रकाशित करने की अनुमति दे दें। मैं उन दिनों एक अनुभवरहित और उत्तरदायित्वहीन युवक था और स्वयं अपनी भावी साहित्यिक योजना के गुब्बारे फुलाकर हवा में उड़े चले जाने की कल्पनाओं में मग्न रहता था। इसलिए मैंने प्रेमी जी का प्रस्ताव शरत् के आगे कभी नहीं रखा—शायद उसे एकदम महत्त्वहीन समझकर भूल ही गया। यद्यपि शरत् के आगे इस प्रस्ताव को रखने में मेरी कोई तौहीन नहीं थी। शरत् उसे सुनकर प्रसन्न ही होते, आज मैं ऐसा अनुमान लगाता हूँ। उसके प्राय: दस वर्ष पूर्व (शायद 1921 में) शरत् ने किसी सिलसिले में एक दिन अपने आप मेरे आगे यह प्रस्ताव रखा था कि मैं उनकी रचनाओं का हिन्दी में अनुवाद करूँ। उस समय मैं बेकार तो नहीं था, एक दैनिक पत्र (*कलकत्ता समाचार*) में उप-सम्पादक के पद पर नियुक्त था, तथापि कठिन आर्थिक संघर्ष की स्थिति में होकर गुज़र रहा था। यदि मैं शरत् का प्रस्ताव मान लेता तो अतिरिक्त कमाई भी हो जाती

जिसकी उस समय मुझे बड़ी आवश्यकता थी, पर जैसा कि सदा मेरा स्वभाव रहा है, अपने हित में जब भी कोई बनी-बनाई योजना मेरे आगे आयी है, मैं बराबर उसे ठुकराता रहा हूँ, भले ही बाद में पछताना पड़ा हो। तब तक मैंने ऐसी कोई कसम भी नहीं खायी थी कि मैं अनुवाद का कार्य नहीं करूँगा, पर शरत् द्वारा जब अप्रत्याशित रूप से यह प्रस्ताव आया तब मैं बिना कुछ सोचे-समझे अपने मन के भीतर से किसी का अज्ञात निषेध पाकर तत्काल बोल उठा—क्षमा करें, मैं अभी अनुवाद नहीं करूँगा। अभी हिन्दी की जनता आपकी रचनाओं में दिलचस्पी लेने के लिए तैयार भी नहीं है।

अन्तिम बात मैंने अपने मन से गढ़कर कही थी, क्योंकि तत्कालीन हिन्दी-पाठक की रुचि का कोई लेखा-जोखा तब तक मैंने नहीं लिया था और मैं अपने पहाड़ी घोंसले से नया-नया बाहर निकलकर कलकत्ता आया था। मेरा उत्तर सुनकर शरत् प्रसन्न नहीं हुए। उन्होंने तनिक आश्चर्य का भाव दिखाकर मुँह बना लिया। फिर उस बात की कोई चर्चा न मैंने चलाई, न शरत् ने ही।

प्रेमी जी का सन्देश यदि उसके पहले आया होता तो शायद मैं अनुवाद करने को भी राज़ी हो जाता और अनुवाद के प्रकाशन की अनुमति के लिए शरत् को पटाकर राज़ी भी कर लेता। पर उक्त पत्र लिखने के पूर्व शायद शरत्-साहित्य से प्रेमी जी का कोई परिचय नहीं था। बात चल रही थी *आवारा मसीहा* लिखने के सम्बन्ध में विष्णु जी के प्रेरणास्रोत और अध्यवसाय की, पर कोई बात कहाँ से उठकर पुरानी स्मृतियों की भावतरंग में बहती हुई कहाँ पहुँच जाती है, यह देखकर अक्सर अत्यन्त आश्चर्य होने लगता है।

हाँ तो, शरत् की ऐसी विस्तृत, प्रामाणिक, रोचक और घटना-बहुल जीवनी को प्रस्तुत करने में विष्णु जी के अध्यवसाय वाली बात फिर उठायी जाये।

मेरा तो कुछ ऐसा अनुमान है कि विष्णु जी जब तक शरत् के अज्ञात अन्तर्देश के प्रवेश-पथ की ओर उस पथ की छोटी-छोटी भूली गलियों, नदी-नालों और टीले-पहाड़ों की खोज के लिए यात्रा की तैयारी कर रहे थे तब तक शरत् के जीवन से सम्बद्ध अनेक पुस्तकों और लेखों का अध्ययन तो उन्होंने अवश्य ही कर लिया होगा, फिर भी शरत् का जीवन-पथ उनके लिए एक बीहड़, अज्ञात और अनचार्टर्ड लैण्ड ही था। वह जानते थे कि उस पथ

पर उन्हें बहुत भटकना होगा, पर सब कुछ जानकर भी वह एक दिन एक बहुत बड़े और अत्यन्त महत्त्वपूर्ण मिशन की प्रेरणा से निकल ही पड़े। विष्णु जी ने हमें इस बात का विशेष आभास नहीं दिया है कि इस यात्रा में उन्हें पग-पग पर कैसी विकट बाधाओं का सामना करना पड़ा, कैसे-कैसे रोचक अनुभव उन्हें हुए। उनके समान साधु स्वभाव वाले व्यक्तियों की 'चतुराई' का यही ढंग होता है। पर उससे पाठक की कोई हानि नहीं हुई। पाठक को वह निरन्तर शरत् के जीवन के नये और पुराने सन्दर्भों की अजीब रहस्यमयी दुनिया में ले जाकर उनकी थाली में नये-नये अनास्वादित व्यंजनों का परोसा ऐसी निपुणता से लगाते चलते हैं कि पाठक एक क्षण के लिए भी नहीं ऊबता और लेखक के प्रति तनिक भी शिकायत (किसी भी बात की) उसके मन में नहीं उठती। पाठक लेखक द्वारा शरत् के जीवन की घटनाओं का विवरण और उसके समानान्तर शरत् के अन्तर्देश का चित्रण जिस तृप्ति से पढ़ता और देखता है, उससे भी अधिक चाव से वह उस विशेष घटना के सम्बन्ध में लेखक का मन्तव्य या टिप्पणी पढ़ता है, और पढ़ते-पढ़ते वह सारी पाठ-सामग्री में खो जाने के बावजूद अपने को एक बहुत ऊँचे धरातल पर उठा हुआ पाता है। यहीं पर विष्णु जी की विजय का रहस्य छिपा हुआ है। वह केवल शरत् की रचना के जादू से ही चमत्कृत नहीं हैं, केवल उनमें रस-निमग्न ही नहीं हैं, वरन् उस रस-सागर से पूर्ण रूप से उबरकर अपने अनासक्त साहित्य-प्रेम के कारण ईमानदारी की उस सीमा तक पहुँच गये हैं, जहाँ से वह बड़ी सहजता से पक्ष-विपक्ष की बात भूलकर तथ्यों की विशुद्ध सच्चाई को पकड़ने में समर्थ हैं। बिहारी के निम्नलिखित दोहे की सच्चाई यहीं पर प्रमाणित होती है, 'अनबूड़े बूड़े तिरे जे बूड़े सब अंग।' विष्णु जी शरत्-साहित्य-रस में पूरी तरह डूबने के कारण उबर उठे हैं—तिर गये हैं।

एक उच्च कोटि के जीवनी-लेखक को जिस तरह अपने प्रतिपादित विषय का निर्वाह करना चाहिए, उन्होंने बिलकुल वैसा ही किया है। विष्णु जी की शैली के सम्बन्ध में मैं यह कहना चाहूँगा कि वह किसी आरोपित कौशल का चमत्कार नहीं दिखाना चाहते, बल्कि सहज और एकान्त सरल भाव से अपनी बात कह जाते हैं, निहायत मासूमियत और भोलेपन के साथ। उनकी

कला की श्रेष्ठता और सुन्दरता का जादू उनकी शैली की इस मासूमियत और भोलेपन पर आधारित है।

शरत् जैसे लेखक की आत्मा को कोरे कागज़ पर सजीव रूप से उतारने में सफलता प्राप्त कर सकना कोई मज़ाक नहीं है। विशेष करके उस लेखक की आत्मा को जिसने सारा जीवन अपने जीवन के रहस्यों को छिपाने में ही बिता दिया। जिस व्यक्ति ने भी विष्णु जी से यह कहा हो कि शरत् की प्रामाणिक जीवनी लिख सकना असम्भव है, उसने कुछ गलत नहीं कहा—आज भी मैं अपने को इसी मत पर अड़ता हुआ पाता हूँ। विष्णु जी की यह विशेषता निर्विवाद है कि उन्होंने उस असम्भव को बहुत बड़ी हद तक सम्भव कर दिखाया है पर 'असम्भव' को 'सम्भव' करने के इस प्रयास में उन्हें शरत्-सम्बन्धी प्राय: प्रत्येक रोचक 'एनेकडोट' के अन्त में यह लिखने को बाध्य होना पड़ा है—'यह घटना भी कहाँ तक सत्य है, यह कहा नहीं जा सकता। शरत् ने जो मनगढ़न्त कहानियाँ अपने सम्बन्ध में स्वयं प्रचारित की हैं, यह घटना भी उन्हीं में से एक हो सकती है।' आदि-आदि।

अब पाठक किस बात को सच माने और किस बात को झूठ! पर इस 'सच झूठ' की दुविधा के बीच पाठक को असहाय छोड़ देने के लिए न विष्णु जी दोषी हैं, न वे लोग जिनसे उन्होंने इन्टरव्यू लिया, न शरत् के दायित्वहीन जीवनी-लेखक और न स्वयं शरत्चन्द्र ही, जो अपने सम्बन्ध में अनेक परस्पर विरोधी बातों का प्रचार मित्रमण्डली के बीच कर गये हैं। दोषी यदि कोई हो सकता है तो वह है उस प्रतिभाशाली व्यक्तित्व के जन्म-जन्मान्तरणीय विकास की कुछ समझ में न आने वाली टेढ़ी-सीधी धारा, जो मूल प्रकृति की तरह ही विशृंखल और बन्धनहीन होती है। प्रतिभाशाली व्यक्ति के विकास की यह धारा उस काव्य-धारा की ही तरह होती है जिसके सम्बन्ध में महाकवियों के भी महाकवि लिख गये हैं—

गति क्रूर कविता सरित की ज्यों परम पावन पाथ की।

अर्थात्, मैं जो काव्य लिख रहा हूँ, वह परम पावन सरिता गंगा की तरह ही टेढ़ा और अनियमित है।

बड़ी चीज़ें उसी प्रकार से अनियमित होती हैं जिस प्रकार प्रकृति के

नियम बिना अनियमितता के चल ही नहीं सकते या यों कहिये कि प्रकृति की अनियमितता अपने एक निराले ही नियम के अधीन चलती है।

जब प्रख्यात नाटककार गिरीशचन्द्र घोष रामकृष्ण परमहंस से मिलने के लिए बहुत आतुर हुए तब उन्होंने पहली ही मुलाकात में परमहंसदेव से कहा, ''देखिए महाराज, मैं आपसे मिलने तो आया हूँ, पर केवल कुतूहलवश। मैं जानता हूँ कि आप भी मेरा उद्धार नहीं कर सकते।''

''क्यों?'' विस्मित परमहंसदेव ने पूछा।

''इसलिए कि मैं एक तो नास्तिक हूँ, दूसरे बड़ा पुराना शराबी हूँ।''

परमहंस देव अपनी आँखों से शुद्ध मुस्कान बिखेरते हुए बोले, ''भाई, तनिक धैर्य रखो और मेरी बात सुनो। मैं जिस महाव्यक्ति से तुम्हारा साक्षात् परिचय कराना चाहता हूँ वह स्वयं नास्तिक है, बहुत विकट और सबसे पुराना शराबी और घोर उच्छृंखल है।''

''वह महाव्यक्ति कौन है?'' अत्यन्त उत्सुकता से अधीर होकर गिरीश घोष ने पूछा।

''अरे यह वही व्यक्ति है जिससे तुम्हारी जन्मजात शत्रुता है, अर्थात् ईश्वर।''

''ईश्वर? पर वह शराबी कैसे है? और उसके नास्तिक होने का क्या अर्थ है?''

''वह शराबी इस अर्थ में है कि उसने जो सृष्टि रची है उसमें ऐसी विकट अनियमितता भरी है कि कब क्यों सूखा पड़ेगा, आँधी आयेगी, तूफ़ान आयेगा, बाढ़ से निरपराधी लोग असहाय प्राणियों की तरह तबाह हो जायेंगे, कब कहाँ युद्ध छिड़ जायेगा और उस घोर हिंसाकाण्ड में अपराधियों की अपेक्षा कई लाख गुना अधिक संख्या में निरीह जनता ही पीड़ित क्यों होती है, यह कोई नहीं बता सकता। ये सब बातें उसी सृष्टिकर्ता के मतवालेपन, निर्बन्ध उच्छृंखलता और अनियमितता के ही कारण होती हैं। इसलिए यह सिद्ध हुआ कि वह नम्बरी शराबी है।''

''खैर, यह तो हुआ पर उसके नास्तिक होने का क्या अर्थ है?''

''उसके नास्तिक होने का यह अर्थ है कि वह अपने ही बनाये हुए

नियमों का आदर नहीं करता और जिस मूल प्रकृति को उसने एक ओर तो विश्व के सारे नियमन और अनुशासन और प्रबन्ध का भार सौंप रखा है, उसी का अकारण विरोध वह समय-समय पर अपने मतवालेपन के कारण करता रहता है, यह घोर नास्तिकता नहीं तो क्या है? 'नास्ति' (नहीं है) अर्थात् यह भावना कि सृष्टि में कहीं कोई नियम नहीं है। मैं स्वयं अपने बनाये हुए नियमों का अस्तित्व भी स्वीकार नहीं करना चाहता। ऐसी बात एक आकण्ठ मदिरापान किये हुए मतवाले के सिवा दूसरा कौन कर सकता है? इसीलिए मैं तुमसे कहना चाहता हूँ कि तुम्हारी उस मतवाले से खूब पटेगी। तुम्हें यह बताने की आवश्यकता नहीं कि मतवालों की वैसे भी आपस में खूब पटती है।''

गिरीशचन्द्र प्रसिद्ध तार्किक थे और रामकृष्ण के साथ तर्क करके यह सिद्ध करने आये थे कि ईश्वर का कोई अस्तित्व ही नहीं है। पर परमहंसदेव के विचित्र तर्क से इस कदर प्रभावित हुए कि परमहंसदेव की शिष्यमण्डली में विवेकानन्द को छोड़कर दूसरा कोई भी भक्त उनके (गिरीश के) बराबर की न गहराई तक पहुँचा, न ऊँचाई तक ही।

अब मेरा (अर्थात् वर्तमान लेखक का) यह प्रश्न है कि ईश्वर नामधारी व्यक्ति के इस कदर मतवालेपन और उच्छृंखलता का कारण क्या है? एक न्यायसंगत कारण यही हो सकता है कि जिसे सृष्टिचक्र के इतने बड़े प्रपंच से पग-पग पर और पल-पल में जूझना हो वह चाहे कैसा ही विराट मन क्यों न लिये रहे, उस मन के भीतर प्रतिपल हलचल मचते रहना अनिवार्य है। जो व्यक्ति सृष्टि-सम्बन्धी असंख्य नियमों के बन्धनों में जकड़ा हो, वह उनसे छूटकर मुक्ति की साँस लेने के लिए छटपटायेगा ही। उक्त मानसिक हलचल और छटपटाहट ही प्रतिभा के लक्षण हैं। और प्रतिभा के बिना कोई सृजन-कार्य नहीं हो सकता। साथ ही, आधुनिक वैज्ञानिकों ने भी प्रतिभा की तुलना पागलपन से की है। यही कारण है कि हम प्रत्येक प्रतिभाशाली लेखक की रचनाओं में और उसके स्वभाव में भी पागलपन और परस्पर विरोधिता पाते हैं, जैसा कि शरत् के साहित्य और जीवन में आवारा मसीहा के लेखक को भी दिखाई दिया। यही महाप्रकृति का नियम है। महाप्रकृति और महापुरुष दोनों के महानियमों के भीतर ही महाअनियम भी निहित है जिस प्रकार विधि-प्रपंच

में तुलसी के कथनानुसार, परस्पर-विरोधी तत्त्व एक-दूसरे से जुड़े हैं, जैसे विष और अमृत, स्वर्ग-नरक, साधु-असाधु, दिन और रात, अच्छा और बुरा, सत्य और मिथ्या सब कुछ उसी के भीतर निहित है। इन परस्पर-विरोधी जोड़ों में से एक को निकाल देने से सम्पूर्ण सृष्टिनियम में विपर्यय आ जाता है। इसलिए प्रतिभाशाली कवि या लेखक अपनी रचनाओं में और अपने स्वभाव में भी इन दोनों तत्त्वों को अपने दोनों हाथों में लेकर चलता है, 'भूमैव सुखं नाल्पे सुखमस्ति।' भूमा (परिपूर्णता या एबसाल्यूट) में ही सुख है, अल्प (या रिलेटिव) में नहीं। उपनिषद् के इस महावाक्य को प्रत्येक प्रतिभावान अपने अन्तर में लिये रहता है, वह किसी नीतिकार के सिखाये पर नहीं अपनी ही अन्त:प्रज्ञा की प्रेरणा से अपने जीवन का रास्ता तय करता हुआ आगे बढ़ता जाता है।

संक्षेप में, महापुरुषों के जीवन और रचनाओं का सम्यक् पर्यवेक्षण करते समय उपर्युक्त महासत्य को ध्यान में रखना होता है। इसमें चूका नहीं कि लेखक का पाँव बुरी तरह फिसला। इसी कारण शरत्-साहित्य के अनेक प्रारम्भिक आलोचकों को मुँह की खानी पड़ी है। विष्णु जी ने तो खैर बड़ी ही सावधानी बरती है, इसीलिए वह जगह-जगह गच्चा खाने से बच गये हैं।

आवारा मसीहा पढ़ते हुए

विश्वनाथ त्रिपाठी[*]

आवारा मसीहा विष्णु प्रभाकर के यश का आधार स्तम्भ है। विष्णु प्रभाकर आजीवन कथाकार रहे, किन्तु वे सर्वाधिक यशस्वी हुए शरत् की इस जीवनी के लेखक के रूप में। कहा तो यहाँ तक जाता है कि खुद बांग्ला भाषा में शरत् की ऐसी जीवनी नहीं है। बांग्ला में सम्भवत: इसका अनुवाद हुआ हो। ऐसा होना उचित है, क्योंकि शरत् हिन्दी में उतने ही या अधिकांश हिन्दी लेखकों से ज़्यादा लोकप्रिय हैं जितने कि लोकप्रिय हिन्दी लेखक। सामान्य हिन्दी पाठक उन्हें किसी अन्य भाषा का लेखक नहीं जानता-मानता। उनकी प्राय: सभी रचनाओं का अनुवाद हिन्दी में हो गया है। कहने की ज़रूरत नहीं कि शरत्-साहित्य की संवेदना और शिल्प दोनों का पर्याप्त प्रभाव हिन्दी कथा साहित्य पर पड़ा है। सच्ची बात यह है कि शरत् की लोकप्रियता ने ही विष्णु प्रभाकर से उनकी जीवनी लिखवाई।

यह बात शुरू में ही कह देनी चाहिए कि विष्णु प्रभाकर ने अनुकरणीय त्याग और परिश्रम से यह पुस्तक लिखी है। जीवनी लेखक ने लेखन ही नहीं किया, शरत् के जीवन को मानो दुबारा अपने लिए जिया है। अमृतलाल नागर ने *मानस का हंस* में लिखा है कि तुलसीदास ने *रामचरितमानस* की ग्रन्थ रचना के रूप में राम का ग्रन्थावतार कराया है। *आवारा मसीहा* के लिए यह बात कही जा सकती है कि विष्णु प्रभाकर ने भी कमोबेश यह काम किया है। *आवारा मसीहा* का पढ़ना शरत् के साथ कुछ दिनों तक जीवनयापन करना है। ज़ाहिर है कि यह काम संघर्ष की माँग करता था। जीवनी लेखक

---

[*]आचार्य हज़ारीप्रसाद द्विवेदी के शिष्य त्रिपाठी जी को सर्जनात्मक आलोचना के लिए जाना जाता है। 'मूर्तिदेवी पुरस्कार' और 'व्यास सम्मान' से अलंकृत त्रिपाठी जी दिल्ली विश्वविद्यालय से सेवानिवृत्त हुए हैं।

ने इसके लिए भारत के कई स्थानों और बर्मा की यात्रा की है। शरत् के प्रति आत्मीयता की भावना ने ही विष्णु प्रभाकर को यह क्षमता प्रदान की होगी। *आवारा मसीहा* उन रचनाओं में से है जिनकी रचना समर्पण-भावना से की जाती है। लक्ष्य को ध्यान में रखकर संकल्प के साथ। इस ग्रन्थ से हिन्दी साहित्य की श्री वृद्धि हुई है।

आवारा मसीहा पढ़ना शुरू कीजिए तो लगता है मानो शरत् की जीवनी खुद शरत् लिख रहे हैं। उनकी करुणोन्मुखी खिलंदड़ी शैली मानो विष्णु प्रभाकर ने अपना ली है। लेकिन इस शैली का आद्यन्त निर्वाह नहीं हुआ है, बीच-बीच में शरत् का शिल्प झलक मार जाता है; किन्तु पुस्तक अधिकांश शरदीय बांग्ला शिल्प में नहीं, विष्णु प्रभाकर की अपनी शैली में लिखी गयी है। आखिरकार *आवारा मसीहा* को आत्मकथा नहीं जीवनी होना था—शिल्प और शैली में भी।

विष्णु प्रभाकर स्वयं प्रतिष्ठित कथाकार थे। अपने लेखन में उन्होंने कल्पना से प्रचुर काम लिया है। लेकिन जीवनीकार के रूप में उन्होंने कथाकार की कल्पना को अलग रखा है। शरत् की जीवनी को उन्होंने रचा बहुत कम है, उन्होंने शरत् की जीवनी की खोज की है। जहाँ-जहाँ जा सके हैं वे गये हैं, जो कुछ भी देख-पढ़ सके हैं देखा-पढ़ा है। शरत् की जीवनी के विषय में लगभग सम्पूर्ण उपलब्ध सामग्री को उन्होंने इस जीवनी की आधारभूत सामग्री बनाया है। जैसे तीर्थयात्री अपने इष्ट से सन्दर्भित स्थलों और वस्तुओं की श्रद्धा-याचना करता है, उसी प्रकार विष्णु प्रभाकर ने शरत् की जीवनी लिखने के लिए ज्ञान-यात्रा की है। यह ज्ञान-यात्रा बिना श्रद्धा-सम्मान के नहीं हो सकती थी। विष्णु प्रभाकर को प्राय: लोग गाँधीवादी समझते हैं। वे अपनी जीवन-शैली, सादगी और ईमानदारी के कारण गाँधीवादी लगते थे। कम लोग जानते हैं कि वे नास्तिक थे। नास्तिक तो थे ही, दिल्ली में प्रगतिशील लेखक संघ के प्रथम अध्यक्ष थे। स्वाभिमानी इतने थे कि एक बात पर राष्ट्रपति भवन से लौट आये थे। व्यक्तित्व की ये सारी प्रवृत्तियाँ जीवनी लिखते समय काम आयी हैं। विष्णु प्रभाकर को भावना पर बल देने वाला कहानीकार माना गया है, किन्तु *आवारा मसीहा* एक निर्मम लेखक की कृति है। इसमें शरत् के गुण

ही नहीं ढूँढ़े गये हैं, उनकी कमज़ोरियों को भी ढूँढ़-ढूँढ़कर चित्रित किया गया है। सौभाग्यवश शरत् के जीवन में उनकी कमी भी नहीं थी। और यह कि जीवनीकार ने शरत् की कमज़ोरियों का बखान करते समय रस भी कम नहीं लिया है। और इससे जीवनी अधिक पठनीय हो उठी है—

है मुझमें देवत्व जहाँ पर—झुक जायेगा विश्व वहाँ पर

किन्तु मिलेंगे मुझे कहाँ—दुर्बलता दुलराने वाले

बीते दिन कब आने वाले...(बच्चन)

शायद ही कोई नशा हो जिसका सेवन शरत् ने न किया हो। गाँजा, अफीम, भाँग, शराब, तम्बाकू उनके प्रिय व्यसन थे। अनजानी और जानी जगहों पर जाने पर किसी वेश्या के कोठे पर ठहरना उन्हें प्रिय था। उन्हें वेश्याओं, तथाकथित कुलटाओं, परित्यक्ताओं, उपेक्षिताओं, चरित्रहीनों का रचनाकार कहें तो आपत्ति नहीं की जा सकती। अब वह कौन-सी विशेषता है जिसके कारण शरत् के ये सब अवगुण दब जाते हैं और शरत् (लेखक नहीं, व्यक्ति) पाठकों के प्रिय ही नहीं आत्मीय भी बन जाते हैं। यहाँ तक कि आदरणीय भी।

शरत् अनेक नहीं, अनेकानेक नारियों के शरीर-सम्पर्क में आ गये। और सभी नारियों से शरत् सम्पर्क में आने के पहले मन-सम्पर्क में आये। कोठे पर उन्होंने शरीर खरीदा भी होगा लेकिन अन्यत्र प्राय: सभी सम्बन्ध मन के सम्बन्ध थे—ऐसा चित्रित है—कोठों पर के अधिकांश सम्बन्ध भी। महिलाओं के साथ मन-सम्पर्क के साथ शरीर-सम्पर्क उनकी आवारगी का प्रधान लक्षण है। उनकी यह प्रवृत्ति न छिपी न उन्होंने छिपाई। वह प्रवादों और ख्याति, कुख्याति की लहरों में फैली और शरत् उन्हें झेलते रहे। शिकायत उन्होंने कभी नहीं की, न किसी को उन्होंने कोई दोष दिया। शरत् आजीवन प्रवादों से लदे रहे। खुद उनके मन में इनसे ग्रन्थि—हीनग्रन्थि बन गयी थी और कभी-कभी इसका परिणाम उनके व्यवहार में दिखलाई पड़ता। प्रतिष्ठित जनों से मिलने में उन्हें संकोच होता। कभी ऐसा भी होता कि किसी बड़े आदमी से मिलने उसके यहाँ पहुँचे, लेकिन सीढ़ियाँ चढ़ते वापस लौट आये।

उनके जटिल व्यक्तित्व का विश्लेषण करें तो उनके यौन-व्यवहार का सम्बन्ध उनकी सहृदयता से जुड़ेगा। संकटग्रस्त, अभावग्रस्त व्यक्ति के प्रति

उनकी सहानुभूति सकर्मक होती। पैसे, शारीरिक शक्ति या और तरह से सहायता या साथ देने के लिए वे तत्पर हो उठते। यह सकर्मक सहायता और आतुरता नारी सम्बन्धों में अपने तर्कपूर्ण तर्कसंगत परिणाम तक पहुँचती। शरत् बीच में रोककर, न उसे रोकते न विरत होते। फलत: नारी के पक्ष में उनकी कर्मठ सहानुभूति शारीरिक सम्बन्धों तक पहुँचती। शरत् को इससे बदनामी मिलती। वे बदनामी से डरते नहीं, उसे झेलते और इस अनुभव का रचनात्मक उपयोग करते। इससे दो बातों का साफ़ पता चलता है। एक तो यह कि अनेकानेक नारी सम्बन्ध का कारण उनकी सहृदयता और नारी पक्षधरता थी। दूसरे यह कि उनकी रचनाओं के सब नहीं तो अधिकांश नारी चरित्र (और घटनाएँ भी) शरत् के अपने जीवनानुभव से जुड़ी हैं। कुछ तो आधार बिम्ब हैं जो लौट-लौटकर अनेक पात्रों का रूप धारण करते हैं। उनकी बाल सखी धीरू ऐसी ही पात्र है जो देवदास की पारो के रूप में ही नहीं अन्य नारी-पात्रों के रूप में भी उनकी कथाकृतियों में अवतरित हुई है। कुछ पात्र मनोरंजक तो हैं ही, शरत् के मन की गहरी परतों को या उनकी मानसिक कार्यशाला को भी खोलते हैं—ऐसी एक पात्र है 'नीरदा'। नीरदा की बात शरत् अपने घनिष्ठ मित्र से करते थे। सुरेन्द्र को वे नीरदा को लेकर अनेक कहानियाँ सुनाते। लेकिन किसी ने नीरदा को देखा नहीं। अनुमानत: वह कल्पित नाम है। कुछ लोग कहते हैं कि यह निरुपमा का ही विस्तारित रूप है। निरुपमा विभूतिभूषण की विधवा बहन थी जो साहित्यिक रुचि वाली थी और शरत् की प्रशंसिका-पाठिका और कालान्तर में शरत् के दुस्साहसी व्यवहार से क्षुब्ध भी हुई थी। विभूतिभूषण भी शरत् के इस व्यवहार से रुष्ट हुए। बहरहाल नीरदा की बात *आवारा मसीहा* में यूँ आती है—

शरत् ने सुरेन्द्र से कहा, ''मैं सचमुच एक लड़की से प्रेम करता हूँ।'' सुरेन्द्र आश्चर्य से उनकी ओर देखकर बोला—''क्या सच।''

''हाँ तुझसे क्या कभी मैं कुछ छिपाता हूँ।''

''कौन है वह।''

''ना, ना यह नहीं बताऊँगा।''

''अच्छा उसका नाम तो बता।''

‘‘उसका नाम है नीरदा।’’

नीरदा को किसी ने देखा नहीं। ‘नीरदा कभी कल्पनालोक के एकान्त में उसके पास ऐसे आती जैसे नींद में चल रही हो...नीरदा मुस्कुराती हुई अपना मस्तक उस अभागे के कन्धे पर रख देती और फिर उसे होश न रहता।’ आखिर में जीवनीकार ने लिखा—‘कहानियाँ ही कहानियाँ, सत्य कभी प्रकट नहीं हुआ। पर जाने दें। नीरदा का नाम राजलक्ष्मी भी हो सकता है, उसे पार्वती व माधवी भी कहकर पुकारा जा सकता है और यह भी हो सकता है कि यह नीरदा, निरुपमा हो।’

नीरदा शायद कल्पना है। एक कमज़ोर कल्पना। हो सकता है कि इसे विष्णु प्रभाकर ने *लस्ट .फ़ॉर लाइफ़* की माया के ढाँचे में गढ़ने का प्रयास किया हो। लेकिन मरणासन्न वान गॉग की कल्पना मूर्ति स्वप्निल होते हुए भी यथार्थतर है। कारण यह कि वान गॉग की तपती रेगिस्तानी ज़िन्दगी में उसकी गहरी ज़रूरत है। वान गॉग जैसे प्रेमवंचित तपस्वी कलाकार की छायामूर्ति यथार्थ से कहीं अधिक जीवित लगती है। शरत् के जीवन में हरियाली बहुत है। कुख्याति है तो ऐश की कमी नहीं। इसलिए भी नीरदा कमज़ोर छायामूर्ति है।

शरत् ने विवाहित जीवन बर्मा में शान्ति के साथ कुछ दिन व्यतीत किया। शान्ति का पिता धनाभाव के कारण शान्ति का विवाह नहीं कर सकता था। शरत् ने उससे विवाह किया, किन्तु वह ज्यादा दिन जीवित नहीं रही। शरत् का साथ आजीवन जिस नारी ने दिया वह हिरण्मयी है। हिरण्मयी नाम शरत् का दिया हुआ है। मूल नाम मोक्षदा है। मोक्षदा बनाम हिरण्मयी शरत् की मृत्युपर्यन्त जीवन संगिनी रहीं। भले ही विधिपूर्वक उनका विवाह शरत् से न हुआ हो, लेकिन जीवन उन्होंने पतिनिष्ठा पत्नी का ही जिया। वे कुरूप नहीं थीं लेकिन सुन्दरी भी नहीं थीं—फिर वह सुन्दर ज़रा भी नहीं थी। न दूध जैसा रंग न चित्रांकित नयन। पर अंगों की सुडौलता अद्भुत थी। वृष्टि से भीगे फूल-पत्तों जैसा लावण्य था और स्नेहमयी भी वह कम नहीं थीं।

शरत् बीमार पड़े तो उसने रात-दिन उनकी सेवा की। शरत् को लगा जैसे मोक्षदा उनकी माँ बनकर सेवा कर रही है। मोक्षदा के पिता को उसकी शादी

की चिन्ता थी। पैसे उनके पास थे नहीं। एक दिन शरत् ने मोक्षदा से कहा—
‘‘आज मैंने तुम्हारे लिए वर ढूँढ़ लिया है।’’

मोक्षदा ने कहा, ‘‘इस तरह की बातें करते हुए आपको अच्छा लगता है ?’’

शरत् ने कहा, ‘‘न-न मैं परिहास नहीं कर रहा और तुम्हें बुरा भी नहीं मानना चाहिए। आखिर तुम्हें विवाह तो करना ही है। जो व्यक्ति मैंने ढूँढ़ा है वह तुम्हारा आदर करता है। तुमने उसे देखा है।’’

मोक्षदा के मन में कुछ उभरने लगा—बोली, ‘‘मैं कुछ नहीं जानती।’’

शरत् के एकाधिक उपन्यासों में, जो खेल-खेल में माला डालकर विवाह होने और फिर सम्बन्ध निर्वाह की कथानक रूढ़ि है वह उनके जीवन में भी है।

शरत् नियमों में बँधकर रहने वाले न रहे हों, किन्तु हृदय के सम्बन्धों की मर्यादा का आदर करना जानते थे। *बड़ी दीदी, रामेर सुमति, चरित्रहीन, श्रीकान्त* ने उन्हें बंगाली जाति का सांस्कृतिक नेता बना दिया था। केवल रवीन्द्रनाथ उनसे उच्चतर और व्यापकतर आसन पर विराजमान थे, अन्य कोई नहीं। रवीन्द्रनाथ शरत् से असहमत होते थे और शरत् से स्नेह करते थे। शरत् उनका अत्यधिक सम्मान करते थे। उन दोनों के विवाद (शरद प्रतिस्पर्धा) को लेकर बंगाल और बंगाल के बाहर भी अनेक किंवदन्तियाँ प्रचलित थीं। पर सच्चाई यह थी कि दोनों के सम्बन्ध ठेठ और हार्दिक थे। शरत् की रचनाएँ छपने लगीं और लोकप्रिय हुईं तो लोगों ने यहाँ तक समझा कि रवीन्द्रनाथ ही छद्म नाम से इन्हें लिखकर प्रकाशित करवा रहे हैं। रवीन्द्रनाथ शरत् की मृत्यु के बाद दो वर्ष और जीवित रहे। शरत् की शोकसभा में रवीन्द्रनाथ ने इस दुर्घटना पर अपना शोकगीत लिखकर भेजा था। स्वास्थ्यगत कारणों से आ नहीं पाये थे।

शरत् से हिन्दी के जो दो रचनाकार मिले थे उनका वर्णन-विवरण *आवारा मसीहा* में भली-भाँति दिया गया है। ये रचनाकार थे—इलाचन्द्र जोशी और अमृतलाल नागर। इन दोनों से शरत् की बातचीत का जो ब्यौरा दिया गया है वह हमारे लिए बहुत काम का है। इससे यह पता तो चला ही है कि हिन्दी कथाकारों के बीच शरत् की उपस्थिति कितनी आत्मीय थी।

जीवन के उत्तरार्ध में विष्णु प्रभाकर राजनीतिज्ञों की तीव्र आलोचना करने

लगे थे। कारण था स्वाधीनता आन्दोलन के दौरान राजनीतिज्ञों का संघर्ष, सेवा वाला जीवन जो आज़ादी के बाद वैसा नहीं रह गया था। विष्णु प्रभाकर का अपना जीवन स्वाधीनता आन्दोलन वाले आदर्शों पर ही चलता था। उनके मन में विक्षोभ होता था। लेकिन वे राजनीति निरपेक्ष नहीं थे। राजनीति, विचारधाराओं, राजनीतिज्ञों के व्यवहार पर वे दृढ़ विचार व्यक्त करते थे। कटु नहीं लेकिन बात बेखटक करते थे। *आवारा मसीहा* में शरत् कालीन बंगाल की राजनीति का प्रमाणपुष्ट विशद चित्रण और विवेचन किया गया है। *आवारा मसीहा* के पाठक को पता चलता है कि शरत् की राजनीति में गहरी दिलचस्पी ही नहीं थी, वे लेखक होने के साथ-साथ सक्रिय राजनीतिक कार्यकर्ता थे। राजनीति में उग्र विचारधारा के समर्थक थे। देशबंधु, सुभाषचन्द्र बोस के प्रबल पक्षधर और समर्थक थे। देशबन्धु के प्रति उनके मन में बहुत आदर और सम्मान था। देशबन्धु की उपेक्षा या अवमानना होने पर वे विक्षुब्ध हो उठते थे। पार्टी कार्यकर्ताओं की एक मीटिंग में किसी ने देशबन्धु से मंच पर बैठने का अनुरोध नहीं किया। सभापति श्री श्यामसुन्दर चक्रवर्ती थे—

शरत्चन्द्र यह अपमान नहीं सह सकते थे। राजनीति में आदमी को जैसी मोटी खाल वाला होना चाहिए वैसे वे नहीं थे। क्रोध से उबलते उन्होंने सभा का त्याग कर दिया। जब सब लोग निवास स्थान पर पहुँचे तो पाया कि वे उत्तेजित होकर बरामदे में इधर से उधर घूम रहे हैं। उन्होंने अलीपुर बम केस के सुप्रसिद्ध अभियुक्त उपेन्द्रनाथ गंगोपाध्याय के पास आकर कहा, ''उपेन्द्र तुम तो भाई बम पार्टी के नेता थे, क्या मुझे एक बम तैयार करके दे सकते हो।''

उपेन्द्र दा ने पूछा, ''बम, बम क्या करेंगे आप।''

''श्याम चकोती के सिर पर फेंक मारूँगा।''

आवारा मसीहा की रचनात्मक उपलब्धि यह है कि पाठक को शरत्चन्द्र अपनी ही किसी रचना के पात्र लगते हैं। उनके प्रिय विशिष्ट ढंग के पात्रों और *आवारा मसीहा* के चरितनायक के व्यवहार और जीवन-पद्धति में अद्भुत समानता है। यह यों ही नहीं है। विष्णु प्रभाकर के जीवनीकार की निष्ठा और कथाकार की साधना का यह सम्मिलित फल है। किताब में उपन्यास की पठनीयता है। यह पठनीयता और ज्यादा होती अगर जीवनी में स्रोतों, उद्धरणों

और ब्यौरों की इतनी भरमार न होती। प्रमाण-स्रोतों को नेपथ्य में रखकर भी इन्हें रचना में समाविष्ट किया जा सकता था। लेकिन इस सूत्र पर आवश्यकता से अधिक आग्रह करना उचित नहीं होगा। प्रस्तुत रूप में जैसी है वैसी ही यह रचना हिन्दी जीवनी साहित्य ही नहीं, हिन्दी साहित्य में अनूठी है। इससे हमारे साहित्य की श्री वृद्धि हुई है। हमारे पास कुछ तो ऐसा है कि हम सम्पन्न बांग्ला साहित्य को कुछ दे भी सकते हैं और समकालीन हिन्दी साहित्य में एक रचना ऐसी है कि जिसका बंगाली भाषा में अनुवाद देखकर हम सन्तुष्ट हो सकते हैं। सबसे बड़ी बात यह कि हिन्दी समाज अपने अतिशयप्रिय बंगाली लेखक शरत्चन्द्र को और अधिक आत्मीय बना सका है।

मूलतत्त्व की तलाश में सृजन

देवेन्द्र इस्सर[*]

विष्णु प्रभाकर ने रवीन्द्रनाथ टैगोर या प्रेमचंद की नहीं शरत्चन्द्र की जीवनी लिखी। कारण? इस प्रश्न को मैंने एक प्रकल्प का रूप दिया कि विष्णु प्रभाकर ने शरत्चन्द्र का चयन इसलिए किया कि शरत्चन्द्र और विष्णु प्रभाकर कई मायनों में एक दूसरे की 'ज़िद' हैं और कई अन्य आयामों में 'पूरक'। कहीं-न-कहीं दोनों में साम्य भी है। यह प्रकल्प मिथ्या भी सिद्ध हो सकता है इसलिए कि मेरे सामने शरत्चन्द्र के चरित्र, जीवन, व्यवहार और छवि का दस्तावेज़ *आवारा मसीहा* है, जिसे विष्णु प्रभाकर ने लिखा है। विष्णु प्रभाकर के बारे में ऐसी प्रत्यक्ष जानकारी 'नहीं' के बराबर है। मेरा स्रोत उनके सम्बन्ध में लिखे गये संस्मरण और साक्षात्कार हैं या स्वयं लेखक के आत्मकथ्य जो कि 'शोध' की दृष्टि से गौण तथ्य स्रोत हैं, अपर्याप्त हैं और पूर्णतया प्रामाणिक भी नहीं। लेकिन प्रत्यक्ष निरीक्षण (सीमित ही सही) से इनकी पुष्टि होती है इसलिए इन्हें प्रामाणिक मान के चलता हूँ। (क्या मेरा प्रकल्प सही और विश्वसनीय है? मेरी इच्छा है कि इस प्रकल्प का खण्डन या किसी अन्य की स्थापना पर लेखकगण विचार करें।)

मेरा विषय *आवारा मसीहा* नहीं, जो एक जीवनी के रूप में ही नहीं अपितु एक साहित्यिक कृति के रूप में भी सराहनीय है।

लेखक भी पाठक की भाँति कथा-साहित्य या जीवनी के 'नायक' से कई प्रकार के कई स्तरों पर सम्पृक्त होता है—तादात्म्य या प्रक्षेपण द्वारा, या वह उससे मानसिक फ़ासला महसूस करता है। वह 'नायक' के प्रति इनमें

---

[*]हिन्दी, उर्दू और पंजाबी के लेखक-विचारक। मूलतः कहानीकार स्व. इस्सर ने उत्तर आधुनिकता पर भी किताबें लिखी हैं।

से कोई भी रवैया अपना सकता है—विपरीत अनुभूति, सहानुभूति या सह-अनुभूति (एम्पेथी) अर्थात् अन्य को समझने की सामर्थ्य और उसमें प्रवेश करके उसके अनुभवों और अनुभूतियों में शिरकत, इन रवैयों से कई जटिल समस्याएँ उत्पन्न होती हैं। विष्णु प्रभाकर और शरत्चन्द्र के चरित्र और व्यक्तित्व में पूर्णतया विरोध नहीं। शरत् एक प्रकार से विष्णु प्रभाकर का अन्य या परिवर्तित अहम् है। इसलिए उन्होंने शरत् की प्रस्तुति सहानुभूतिपूर्ण की है। लेकिन सफल सम्प्रेषण सह-अनुभूति के अभाव में सम्भव नहीं। यह सह-अनुभूति विष्णु प्रभाकर और शरत् के नारी पात्रों की प्रकृति और स्वभाव को एक साथ देखने पर भलीभाँति समझ में आ जाती है। स्पष्ट है कि विष्णु प्रभाकर शरत् के व्यक्तित्व में अवचेतन ही सही शिरकत करते हैं। मेरे विचार में यह शिरकत विष्णु प्रभाकर के जीवन दर्शन में है—एक सम्पूर्ण (समग्र) मानव की मानसिकता तक पहुँचने के लिए यह शिरकत अनिवार्य है। विष्णु प्रभाकर शरत् की जीवनी लिखकर मानसिक और भावनात्मक तौर पर 'आत्मपूरक' होने की प्रक्रिया से गुज़रते हैं। अपने से भिन्न और किसी हद तक विपरीत चरित्र के लेखन द्वारा उन्होंने उस मानसिक फ़ासले को कम करने का प्रयास किया है जो उनके और शरत् में है। वे उसे प्रस्तुत करके सृजनात्मक समीकरण बनाते हैं।

इस मानसिक दूरी को एक करने या मिटाने के लिए संवेदना और सृजनात्मकता के जिन नये आयामों को विष्णु प्रभाकर ने छुआ है उसका प्रमाण है उनका उपन्यास, कोई तो। शरत् के उपन्यासों की भाँति *कोई तो* भी नारी प्रधान है। पुरुषपात्र नारी चरित्र के विभिन्न आयामों और गहन धरातलों को प्रकट करने के लिए ही मौजूद हुए हैं। नारी लांछित है, अपमानित होकर दंडित है, खोखली नैतिकता का शिकार है। दोगले चरित्र वाले पुरुष हैं जिनका अमानवीय आचरण उनकी प्रकृति बन चुकी है। भद्र समाज का दम्भ और पाखंड, और यौन नैतिकता की विसंगति और विडम्बना का चित्रण इन उपन्यासों की विशिष्टता है। शरत् का चरित्र उन प्रवृत्तियों की पुष्टि करता है जिसे लेखक का उच्चतर (समाज द्वारा पोषित) अहम् स्वीकार नहीं करना चाहता। शरत् के जीवन की आवारगी को मसीहाई में परिवर्तित कर विष्णु प्रभाकर ने एक ओर अपनी कथा-कृतियों और अपने व्यक्तित्व में और दूसरी

ओर अपने 'बुनियादी तत्व' में सन्तुलन एवं अनुशासन स्थापित कर लिया है।

वे शरत् के चरित्र से तादात्म्य भावनात्मक और बौद्धिक स्तर पर करते हैं। उससे सहानुभूति रखते हैं और उसके जीवन और दर्शन में शामिल होते हैं। वे अपने व्यक्तित्व को शरत् के जीवन में प्रतिपित प्रेक्षपण द्वारा अपने को समझने का प्रयास करते हैं—जो जीवन उन्होंने जिया है, जिस प्रकार बसर किया है और जिसका उल्लेख उन्होंने आत्मकथ्यों में किया है। यह प्रतिपित प्रक्षेपण—सचेत कम अचेत अधिक है। विष्णु प्रभाकर और शरत् के बीच मानसिक फ़ासले की पैमाइश इस बात पर निर्भर है कि लेखक किस सीमा तक शरत् से भावनात्मक तादात्म्य करता है। यह फ़ासला लेखक के लिए आवश्यक है ताकि वह यह न भूल जाये कि वह अपने से 'भिन्न' चरित्र को प्रस्तुत कर रहा है, ताकि उस जैसा जीवन व्यतीत करने की हसरत को व्यक्त कर रहा है। ऐसी अवस्था में वह मानसिक तुष्टि का स्थानापन्न मात्र बन जायेगा और उसका सृजनात्मक पक्ष दुर्बल हो जायेगा। इस प्रकार लेखक अपने अनुभवों में महत्त्व और अर्थ के मूल्य को प्रकट करता है। शरत् विद्रोह और संघर्ष के प्रतीक थे। संवेदनशील और भावुक शरत् जैसा जटिल चरित्र ही ट्रेजिक नियति को अभिव्यक्ति और हमारी अनुभूति को प्रेरित करके जड़ता में क्रियाशीलता पैदा कर सकता है, क्योंकि ऐसे चरित्र की कसौटी यह है कि वह हमें निश्चित रूप से विस्मित करने की क्षमता रखता है या नहीं।

इस पृष्ठभूमि में हम विष्णु प्रभाकर की गहन मानसिकता का अनुभव कर सकते हैं। वह जीवन नहीं जो वह बसर करते नज़र आते हैं, वे 'हावभाव' और 'मुद्राएँ' नहीं जो प्रत्यक्ष दिखाई देती हैं। वह 'व्यवहार' नहीं जो प्रकट है। बल्कि उनकी अप्रस्तुत गहन मानसिकता जिससे उनका आनन्द और अवसाद नि:सृत होता है। 'जो अपने अतीत को उलटूं-पलटूं, अपने मन की अंधेरी कोठरी में झाँकूँ...मन तो पहले ही नष्ट हो चुका था। मैं अपने ही खोल में सिमटता चला गया...मेरा मन प्रेतों का आवासगृह बन गया...कैसे एक किशोर युवा होने से पूर्व ही प्रौढ़ बनने पर विवश कर दिया गया। जीवन से मृत्यु बेहतर है। दर्द को पीता रहा। जीता रहा। मुक्ति संग्राम का सैनिक नहीं बन सका...' यह छटपटाहट अभिव्यक्ति पाने के लिए हमारी दैहिक आँख

से परे मानसिक शिरकत की प्रतीक्षा कर रही है। मैं लेखक की केस-हिस्ट्री की बात नहीं कर रहा, बल्कि उसके तात्विक गहन जीवन (जिसे लेखक ने बुनियादी तत्व की संज्ञा दी है, और क्रौंचबद्ध की प्रतीकात्मकता में उजागर किया है।) में अन्तर्दृष्टि की माँग कर रहा हूँ, जिससे व्यक्ति व्यक्तित्व और पात्र-चरित्र बनता है। शरत् की जीवनी लिख कर विष्णु प्रभाकर वास्तव में अपनी मानसिकता और सामाजिक मान्यताओं की अपेक्षा, तात्विक नैतिकता में तारतम्य और समरूपता एवं ऐक्य पैदा करने की कोशिश कर रहे हैं। हेनरी जेम्स ने कहीं लिखा है कि दूसरे व्यक्तियों के बारे में हमारा ज्ञान अपने सम्बन्ध में हमारे ज्ञान से निःसृत होता है। फ्लायबर भी इसी प्रकार की बात कहते हैं कि मैं हर समय दूसरे व्यक्तियों के शरीर में दाखिल हूँ जो मुझसे भिन्न हैं। यही स्थिति विष्णु प्रभाकर की है। किसी दूसरे की देह में प्रवेश करना, जो संस्कार, स्वभाव और प्रकृति में यदि विपरीत नहीं तो भिन्न अवश्य है। यह एक सृजनशील लेखक की नियति है। दूसरे की मानसिकता से तादात्म्य करना ही तो अपने को जानने की प्रक्रिया में से गुज़रना है। 'अपने मैं को, मेरे अपनेपन को, अपने से विलग करके कोई देख सका है क्या? अपने एक मित्र (श्री कान्तिचन्द्र सोनरिक्सा) के शब्दों में कहूँ तो—अपने उस अपनेपन को कौन तो जानता है और कौन तो योगी है जो शंकराचार्य की भाँति उसे अपनी देह से निकाल कर दूसरे की देह में तादात्म्य कर सकता है। जो बहुत सहज है, सरल है वही अभिव्यक्ति में उतना क्लिष्ट और कठिन है। (विष्णु प्रभाकर, *आत्मकथ्य : मैं, मेरा समय और रचना प्रक्रिया*)।

विष्णु प्रभाकर ने अपने व्यक्तित्व के विभिन्न आयामों एवं अंशों को शरत् के भिन्न चरित्र में प्रविष्ट कर दिया है—यह एक प्रकार से संवेदनात्मक एवं सृजनात्मक स्थानान्तरण है। 'प्रेमचंद' मेरे गुरु तुल्य थे। पर बांग्ला में जिसे 'काछेर मानुष' कहते हैं वह मेरे लिए 'शरत्' ही बन सके। समाने-समाने होय प्रणयेक विनिमय, मेरे प्रारम्भिक जीवन की वेदना उनकी जीवनव्यापी वेदना से मेल खाती थी। जिस प्रकार उनका वह जीवन साहित्य सृजन का आधार बना उसी तरह मेरे सृजन की प्रेरणा भी मेरा प्रारम्भिक जीवन रहा—शरत् ने मुझे तथाकथित पतितों में देवत्व खोजने की शक्ति भी दी। (*आत्मकथ्य—मैं,*

मेरा समय और रचना प्रक्रिया)। *आत्मकथ्य—मेरी कथा यात्रा* में वे लिखते हैं : अपनी प्रारम्भिक अवस्था में मुझे वह जीवन जीना पड़ा जो मैं जीना नहीं चाहता था। वही अन्तर्द्वन्द्व, घुटन और संत्रास का कारण बना। शरत् मेरी वेदना-व्यथा के बहुत पास जो थे। मैं प्रेम का भूखा था। शरत् भी प्रेममय थे, मेरे परिवेश के वे ही सबसे पास थे। उनसे मैंने सबसे अधिक पाया है। मुझ पर शरत् का प्रभाव रहा है। 'स्नेह' पर शरत्चन्द्र का प्रभाव स्पष्ट है।

अकेलेपन का डँसा हुआ बालक सृजनशक्ति द्वारा एक लेखक का सामाजिक जीवन व्यतीत करता है और सम्मान एवं ख्याति प्राप्त करता है जो उसे बाह्य दबावों से, दूसरे लोगों के संसार से मुक्त करता है। इस प्रकार वह सांसारिक भद्र लोगों के बीच रहने के 'ड्रामा' से मुक्ति प्राप्त करता है।

विष्णु प्रभाकर ने शरत् को अनावृत कर दिया है जिसे प्रत्येक व्यक्ति देख सकता है। महत्त्वपूर्ण यह नहीं कि लोग हमारे बारे में क्या सोचते हैं, महत्त्वपूर्ण यह है कि हम अपनी दृष्टि में क्या हैं? वह जो लोगों ने हमें बना दिया है (और प्रकट है) या वह जो इनके बावजूद विद्रोह करके हम अपनी सृजनशक्ति के प्रयोग से बन गये हैं। ''फिर आया यौवन काल, जो पूरा सरकारी दफ़्तर की चक्की में पिस गया।'' ''भरी जवानी में तमन्नाओं की हत्या हो गयी। अब जीना मात्र औपचारिकता थी। यह ठीक है कि मैंने मुस्कराना सीख लिया था। जब नरवस ब्रेक-डाउन चरम सीमा पर था...।'' इस प्रकार सृजन उदात्तीकरण की प्रक्रिया बन गया या एडमण्ड विल्सन की अवधारणा 'धाव और धनुव' का एक और प्रमाण कि घाव खाया हुआ कलाकार एक ऐसी शक्ति का स्वामी बन जाता है जिसके कारण वह स्रष्टा की संज्ञा पा लेता है।

स्वयं विष्णु प्रभाकर ने स्वीकार किया है कि घूमने का अवसर भी तब मिला जब सब चुक गया था। उसने कुंठाओं को आदर्श की चादर में ढकना सीख लिया था...और ऐसा व्यक्ति केवल मात्र 'भला व्यक्ति' बनकर रह जाता है...भला व्यक्ति न तेजस्वी होता है, न प्रतिभाशाली। उसकी एक पुस्तक की आलोचना करते हुए किसी ने लिखा था—विष्णु जी की यह पुस्तक, जैसे वह भलेमानस हैं, वैसी भली-भली सी है। इससे भयंकर निन्दा, उसके शत्रुओं ने भी न की होगी...और अब वह भलमनसाहत उसका स्वभाव बन गया है।

इसी स्वभाव के कारण जीवन जिनसे सरस और सम्पन्न होता है वे सभी सम्पर्क उससे दूर रहे हैं। इस पृष्ठभूमि में देखें तो शरत् की जीवनी से स्वयं जीवनीकार का एकाकार हो जाना मात्र कल्पना नहीं।

सआदत हसन मण्टो ने अहमद नदीम कासमी के बारे में लिखा था कि वह उसके बारे में क्या लिखे सिवाय इसके कि वह बार-बार यही कहे कि कासमी एक शरीफ़ आदमी है। हर कोई विष्णु के बारे में यही दुहराता है; जिसकी ओर विष्णु प्रभाकर ने स्वयं संकेत किया है।

विष्णु प्रभाकर का सबसे महत्त्वपूर्ण उपन्यास है *कोई तो*, जिसमें वह बार-बार विह्वल होकर प्रश्न करते हैं ''कोई तो ?'' काश 'सरल, सात्विक और सौम्य' विष्णु प्रभाकर की छटपटाहट को, कोई तो महसूस कर सकता ? कोई तो, उनके जीवन, व्यक्तित्व और साहित्य का प्रामाणिक दस्तावेज़ प्रस्तुत कर सकता ? कोई तो— ?

क्या इसके लिए हमें किसी शरत् की प्रतीक्षा करनी होगी ?

शरत् के सम्पूर्ण व्यक्तित्व का प्रतिफलन

हरदयाल[*]

हिन्दी में जीवनियों का लिखा जाना आधुनिक काल में ही प्रारम्भ हुआ है। व्यावसायिकता से प्रेरित, किन्तु साहित्यिक दृष्टि से मूल्यहीन जीवनियों की अच्छी-खासी संख्या हिन्दी में विद्यमान है। जिन्हें हम सचमुच श्रेष्ठ कलात्मक जीवनियाँ कह सकते हैं उनकी संख्या हिन्दी में अत्यन्त विरल है। जीवनी-लेखन की दिशा में होने वाले इधर के कुछ अत्यन्त महत्त्वपूर्ण प्रयत्नों और उपलब्धियों में अमृतराय रचित प्रेमचंद की जीवनी *कलम का सिपाही* (1963) तथा डॉ. रामविलास शर्मा रचित निराला की जीवनी *निराला की साहित्य-साधना* (प्रथम खण्ड : 1969) विशेष रूप से उल्लेखनीय हैं। जीवनी-लेखन की जिस परम्परा का सूत्रपात इन दो रचनाओं से हुआ है उसकी अगली महत्त्वपूर्ण कड़ी है विष्णु प्रभाकर रचित शरत्चन्द्र की जीवनी *आवारा मसीहा*।

हिन्दी में महत्त्वपूर्ण जीवनियों के अभाव का जहाँ एक कारण यह है कि जीवनी-लेखन को अनुवाद की तरह द्वितीय श्रेणी का लेखन माना जाता है वहाँ दूसरा कारण यह भी है कि जीवनी-लेखक से एक साथ ऐसी विशेषताओं की अपेक्षा की जाती है जो परस्पर टकराती है। उससे अपेक्षा की जाती है कि अपने चरित-नायक के साथ उसकी अत्यधिक घनिष्ठता और आत्मीयता हो। डॉक्टर जॉनसन के अनुसार, ''वही व्यक्ति किसी की जीवनी लिख सकता है जो उसके साथ खाता-पीता, बैठता-उठता और बोलता-बतियाता रहा हो।'' साथ ही उससे यह भी अपेक्षा की जाती है कि वह अपने विषय से तटस्थ हो, क्योंकि यदि वह तटस्थ नहीं होगा तो या तो वह उसे देवता बना देगा या

---

[*]1939 में जन्मे हरदयाल सुपरिचित आलोचक हैं। कविता आलोचना की अनेक महत्त्वपूर्ण कृतियों के लेखक दिल्ली विश्वविद्यालय से सेवानिवृत्त हैं।

दानव। उससे आशा की जाती है कि वह अपने चरितनायक के प्रति सहानुभूति रखे, साथ ही उससे यह भी आशा की जाती है कि वह उसका निर्ममतापूर्वक मूल्यांकन करे, उसके आचार-व्यवहार, उसके भाव-विचार की मूल प्रेरणाओं की खोज करे। *आवारा मसीहा* की रचना करते समय जीवनी-लेखन की ये कठिनाइयाँ तो विष्णु प्रभाकर के सामने थीं ही, साथ ही कुछ ऐसी कठिनाइयाँ भी थीं जिनका सामना न तो अमृतराय को करना पड़ा, न डॉ. रामविलास शर्मा को। शरत्चन्द्र उस भाषा के लेखक थे जो विष्णु प्रभाकर की अपनी भाषा नहीं थी। उन्होंने शरत्चन्द्र को व्यक्तिगत रूप से कभी नहीं जाना। व्यक्तिगत स्तर पर घनिष्ठता और आत्मीयता का प्रश्न ही नहीं उठता। फिर, शरत्चन्द्र बहुत जटिल प्रकृति के व्यक्ति थे। उनके सम्बन्ध में अन्य लोगों तथा स्वयं शरत्चन्द्र के द्वारा अनेक प्रवाद प्रचलित कर दिये गये थे जिनके बीच में से राह निकाल पाना अत्यन्त दुष्कर कार्य था। सामग्री-संकलन के दौरान उन्हें ऐसे लोग मिले जो अब भी शरत् से घृणा करते हैं। ऐसे ही एक सज्जन का कहना था कि क्यों इतना परेशान होते हो, दो-चार गुण्डों का जीवन देख लो, शरत्चन्द्र की जीवनी तैयार हो जायेगी। किन्तु एक बार विष्णु प्रभाकर ने शरत् का जीवनचरित्र लिखने की जिस चुनौती को स्वीकार कर लिया उसे उक्त कठिनाइयों के कारण बीच में ही नहीं छोड़ा अपितु अन्त तक उसका निर्वाह किया। उन्होंने शरत्चन्द्र के जीवन से सम्बन्धित सभी सामग्री का संकलन किया। इसके लिए उन्होंने उन सभी स्थानों की यात्रा की जिन स्थानों पर कभी शरत्चन्द्र रहे थे। वे उन अधिकांश लोगों से मिले जिनका शरत्चन्द्र के साथ सम्बन्ध रहा था। उन्होंने शरत् के सम्बन्ध में उनके समकालीनों के द्वारा लिखित संस्मरणों का अध्ययन किया। उन्होंने शरत् के साहित्य में से भी शरत् के जीवन सम्बन्धी सामग्री को एकत्र किया। और इस प्रकार जो विपुल सामग्री एकत्र हुई उसमें से सत्य को छानकर *आवारा मसीहा* के रूप में प्रस्तुत किया। सत्य तक विष्णु प्रभाकर के पहुँचने की प्रक्रिया क्या रही है, इसे स्पष्ट करते हुए उन्होंने लिखा है—

'कला के लिए सत्य भले ही आदर्श न हो परन्तु जीवनचरित्र लिखना इस दृष्टि से विज्ञान के अधिक पास है और उसका आदर्श सत्य ही है, पर...

घटना तो सत्य नहीं है। उसका जीवन में महत्त्व है लेकिन उससे अधिक महत्त्व है घटना के पीछे की प्रेरणा का। वही प्रेरणा सत्य है। मैंने इतना समय इसीलिए लगाया कि मैं भ्रान्त और अभ्रान्त घटनाओं के पीछे के सत्य को पहचान सकूँ। जिससे घटनाओं से परे जो वास्तविक शरत्चन्द्र है उसका रूप पाठकों के सामने प्रस्तुत किया जा सके। यह सच कैसे और किस प्रकार हुआ, यह मैं नहीं बता सकूँगा। जिसे ''सिक्स्थ सेन्स'' कहते हैं, शायद वही मेरी सहायक रही।' (पृष्ठ 11, भूमिका)

शरत् जैसे किंवदन्तियों, परस्पर विरोधी अपवादों, अफ़वाहों आदि में घिरे व्यक्ति के सम्बन्ध में प्रामाणिक तथ्यों को खोज निकालना आसान काम नहीं है। उसके लिए 'छठी इन्द्रिय' की सहायता लेना अनिवार्य हो जाता है। किन्तु सर्वत्र विष्णु प्रभाकर ने उसका सहारा नहीं लिया है। उन्होंने सत्य तक पहुँचने के लिए विभिन्न स्रोतों से प्राप्त सामग्री का विश्लेषण-विवेचन किया है और तर्क के लिए जो स्वीकार्य तथ्य लगा है, उसे ही स्वीकार किया है। उदाहरण के लिए निरुपमा देवी से शरत् के सम्बन्ध सम्बन्धी तथ्य को देखा जा सकता है। जीवन के पहले पर्व में बालविधवा निरुपमा देवी से शरत् का परिचय हुआ। निरुपमा उस साहित्यिक गोष्ठी की सदस्या थी जिसका संचालन शरत् करते थे। वह उनकी रचनाएँ पढ़कर अभिभूत होती रहती थी। शरत् उसकी कविताओं की प्रशंसा करते थे। इसी में से प्रेम का अंकुर फूट निकला। एक दिन एकान्त घर में शरत् उसके सामने जा खड़े हुए—अजी कैसी हो? उन्होंने पूछा। उत्तर मिला—तुम यहाँ से चले जाओ। शरत् वहाँ से चले आये। निरुपमा ने इसके लिए उन्हें कभी क्षमा नहीं किया। इस घटना ने शरत् को एक पीड़ा दी। वे जीवन भर निरुपमा को भूल नहीं सके। इसके अनेक प्रमाण विष्णु प्रभाकर ने जुटाये हैं। इनमें से एक प्रमाण है शरत् के उपन्यासों के नारी चरित्रों का वह टाइप जो असफल प्रेम की वेदना की प्रतिमाओं के रूप में सामने आया है, जैसे *देवदास* की पारो, 'बड़ी दीदी' की माधवी आदि। दूसरा प्रमाण है *शुभदा* के प्रकाशन के प्रति उनका अनुत्साह। शरत् का कहना था कि *शुभदा* के प्रकाशन से एक व्यक्ति की हानि हो सकती है। यह व्यक्ति निरुपमा देवी हैं। निरुपमा देवी ने शुभदा की पांडुलिपि पढ़ी थी और उससे

प्रेरणा ग्रहण करके *अन्नपूर्णा का मन्दिर* की रचना की थी। अपनी इस रचना पर *शुभदा* के प्रभाव को उन्होंने स्वीकार किया है। इसका एक अन्य प्रमाण है, शरत् के वे पत्र जो उन्होंने अपने मित्रों-शिष्यों को लिखे हैं, जिनमें बड़ी ललक के साथ 'बूड़ी' (निरुपमा देवी) का उल्लेख है। वे निरुपमा देवी के पूजा-पाठ के अतिरेक को अप्रत्यक्षत: नापसन्द करते रहे। उन्होंने लीलारानी गंगोपाध्याय को लिखे अपने एक पत्र में लिखा—बूड़ी से मुझे बड़ी आशा थी, लेकिन वह 'दीदी' के अलावा और कुछ नहीं लिख सकी। क्यों, जानती हो ? वारव्रत, जप-तप इत्यादि के पचड़े की आग में उसके अन्दर जो मधुर था वह उम्र के साथ ही सूख गया। अवश्य अतिरेक के कारण ऐसा हुआ है। जब शरत्चन्द्र खूब प्रतिष्ठित हो गये तब निरुपमा देवी के भाई विभूतिभूषण उनसे मिलने आये। शरत् ने उनसे पूछा—'अच्छा पुंटू, बूड़ी क्या अभी भी पूजा-पाठ में लगी रहती है।' 1913 में अपने एक पत्र में उन्होंने फणीश्वरनाथ को लिखा—निरुपमा को अपने दल में खींचने की चेष्टा करना। वह सचमुच ही अच्छा लिखती है और बाज़ार में नाम भी है। बहुधा और अधिकांशत: मुझसे उसकी रचनाएँ अच्छी होती हैं—ऐसी मेरी धारणा है। शरत्चन्द्र के उपन्यासों में विधवाएँ प्रेम तो करती हैं किन्तु विवाह नहीं कर पातीं। उन्होंने लीलारानी को लिखा था—मेरी सब पुस्तकें तुमने पढ़ी हैं या नहीं ? पढ़ने पर यह बात तुम्हें दिखाई देगी कि बहुत से महान और सुन्दर जीवन केवल इसीलिए, कि समाज को विधवा विवाह मान्य नहीं है, हमेशा के लिए व्यर्थ और निष्फल हो गये। निरुपमा देवी ने शरत् सम्मान में अनेक कविताएँ लिखी हैं उनमें से एक कविता की निम्नांकित प्रारम्भिक पंक्तियाँ कितनी व्यंजक हैं—

तुमि जे मधुकर कमल वने
आहरि आन मधु आपन मने।

और एक बार उन्होंने वृन्दावन में राधारानी देवी के समक्ष स्पष्ट स्वीकार किया था—शरत् दादा की जो दुर्दशा हुई वह मेरे कारण ही हुई। केवल यह सिद्ध करने के लिए कि जीवन के प्रथम पर्व में शरत्चन्द्र ने निरुपमा देवी से प्रेम किया था और इस प्रेम की असफलता को वे जीवन-भर नहीं भूल सके, क्या विष्णु प्रभाकर ने कम प्रमाण जुटाये हैं ? यह 'छठी इन्द्रिय' का उपयोग

नहीं है, बल्कि अनुसंधान की प्रक्रिया का उपयोग है। *आवारा मसीहा* की प्रामाणिकता के प्रति लेखक इतना आग्रहशील है कि वह कहीं-कहीं पुनरावृत्ति से भी नहीं बच पाया है।

इस रचना-प्रक्रिया से गुज़रकर विष्णु प्रभाकर ने *आवारा मसीहा* में शरत् का जो चित्र उभारा है, वह भरा-पूरा चित्र है, अत्यन्त आकर्षक। इसमें व्यक्ति शरत् की भी तस्वीर उभरती है और साहित्यकार शरत् की भी। व्यक्ति शरत् का चित्र प्रथम दो पर्वों—'दिशाहारा' और 'दिशा की खोज' : में व्याप्त है। यह एक जटिल व्यक्ति का चित्र है। इसीलिए प्रथम दो पर्वों के पढ़ने में रोचक से रोचक उपन्यास के पढ़ने जैसा आनन्द आता है। शरत् ने एक ऐसे पिता के घर जन्म लिया जो पूर्णत: स्वप्नदर्शी था और इसीलिए जो एक गृहस्थ के रूप में असफल था। शरत् के पिता बहुत दिन तक घरजमाई बनकर रहे। शरत् के जीवन के कई वर्ष भागलपुर में अपने मामाओं के यहाँ व्यतीत हुए। शरत् के लिए यह जीवन अभावों का जीवन था जिसने शरत् को आवारा बनाया। उन्होंने नियमित रूप से अध्ययन नहीं किया। घुमक्कड़ी, साहसिकता, निर्भीकता और परोपकार की कुछ ऐसी विशेषताएँ इस जीवन में उन्होंने अर्जित कर लीं जो व्यक्ति शरत् के साथ आजीवन लगी रहीं। इसी जीवन में उनकी राजू से मित्रता हुई। इसी जीवन में उन्हें असफल प्रेम का दर्द मिला। इसी जीवन खण्ड में एक आवारा और चरित्रहीन युवक के रूप में उनकी ख्याति इतनी अधिक हो गयी थी कि उन्हें अपने मामा के घर में खाँस कर घुसना पड़ता था ताकि ममेरी बहनें पर्दे में हो जायें। शरत् की माता और उसके पिता का देहान्त भी जीवन के प्रथम पर्व में हो गया। पिता की मृत्यु के बाद 26 वर्ष की अवस्था में शरत् अपने छोटे भाई-बहनों को अपने सम्बन्धियों और मित्रों को सौंपकर जीविका की खोज में रंगून चले गये।

रंगून में वे अपने वकील मौसा के पास पहुँचे। वहाँ पहुँचने के तीन महीने बाद उन्हें रेलवे के ऑडिट आफ़िस में काम मिल गया। किन्तु यह नौकरी डेढ़ वर्ष भी न चल सकी। वे बर्मी भाषा की परीक्षा में फेल हो गये और वकील भी न बन सके। उसके बाद निमोनिया से मौसा की मृत्यु हो गयी। शरत् ने मौसा का घर छोड़ दिया। बर्मा में रहते हुए शरत् ने कई नौकरियाँ

कीं, किन्तु सभी छोटी। अनेक मित्र बनाये किन्तु अधिकांश छोटे तबके के। यहाँ रहते हुए शरत् का निम्न वर्ग के लोगों से घनिष्ठ परिचय हुआ। वे स्वयं भी उन बस्तियों में रहे जो 'भद्र लोक' के लिए घृणा का विषय थीं। शरत् को अफीम खाने की लत यहीं पड़ी। यहीं शरत् ने प्लेग के रोगियों की निर्भय होकर सेवा की। खूब अध्ययन किया। यहीं शरत् का पहला विवाह यज्ञेश्वर मिस्त्री की लड़की शान्ति के साथ हुआ और वे पिता बने। विवाह को दो वर्ष भी पूरे नहीं हो पाये थे कि रंगून में प्लेग की महामारी फिर फैली और शान्ति तथा सन्तान दोनों से शरत् को हाथ धोने पड़े। इसी समय *भारती* पत्रिका में 'बड़ी दीदी' प्रकाशित हुई जिसने बांग्ला साहित्य-जगत में हलचल मचा दी। *चरित्रहीन* उपन्यास रंगून-प्रवास की ही देन है। यहीं शरत् ने बंगाल के कृष्णदास अधिकारी, जो रंगून पैसा कमाने आये थे, की लड़की मोक्षदा को उसके पिता से आग्रह कर शरण दी। मोक्षदा ने अपनी सेवा से शरत् को जीत लिया और शरत् ने उससे विवाह कर लिया। यह विवाह किस प्रकार हुआ, कोई नहीं जानता, किन्तु यह समाज और कानून सभी प्रकार के विवाहों से किसी प्रकार कम सिद्ध नहीं हुआ। इसी मोक्षदा को शरत् ने हिरण्यमयी नाम दिया और आजीवन सम्मानपूर्वक यह दाम्पत्य जीवन चलता रहा। शरत् ने चाय की दुकान खोली और इसे चलाने में असफल रहे। 'बड़ी दीदी' के बाद *यमुना* पत्रिका में शरत् की एक और पुरानी कहानी 'बोझ' प्रकाशित हुई। फिर *रामेर सुमति, बाल स्मृति, हरिचरण, काशीनाथ, अनुपमा का प्रेम, चन्द्रनाथ, प्रकाश और छाया, चरित्रहीन, विराजबहू* इत्यादि रचनाएँ प्रकाशित हुईं। इन रचनाओं ने कथाकार के रूप में शरत् को प्रतिष्ठित कर दिया। शरत् बंगाल वापस आने के लिए व्याकुल हो उठे। 1916 में वे अपनी नौकरी से इस्तीफ़ा देकर कलकत्ता वापस लौट आये।

तृतीय पर्व 'दिशान्त' एक प्रतिष्ठित साहित्यकार के जीवन की कथा है जो अपने पाठकों के बीच अत्यन्त लोकप्रिय है, किन्तु उसके विगत जीवन के कारण जिसे बंगाल का भद्र लोक मुक्त स्वीकृति नहीं दे पाता है। धीरे-धीरे यह स्वीकृति भी उन्हें मिलती है। इस खण्ड में वे मसीहा हैं। इस खण्ड में उनकी रचनाओं के लेखन और प्रकाशन के विवरण अधिक हैं। किसी

भी साहित्यकार के जीवन की ये महत्त्वपूर्ण घटनाएँ हैं। किन्तु एक सामान्य पाठक के लिए ये विवरण विशेष रुचिकर नहीं होते हैं। दूसरे, इस खण्ड में वर्णन का स्थान विवरण और विश्लेषण ने ले लिया है। घटनाओं को भी यहाँ स्थान मिला है किन्तु वे पृष्ठभूमि में पड़ गयी हैं। अत: *आवारा मसीहा* का यह खण्ड सामान्य पाठक को उतना रोचक नहीं लगेगा जितना प्रथम दो खण्ड लगेंगे। इस खण्ड में शरत् के जीवन से सम्बन्धित साहित्यिक विवाद और उनकी राजनैतिक गतिविधि विशेष रूप में उभरकर सामने आयी है। साहित्यिक विवादों में सबसे महत्त्वपूर्ण है शरत् और रवीन्द्रनाथ के बीच का विवाद। शरत् ने रवीन्द्रनाथ को अपना गुरु माना और रवीन्द्रनाथ ने भी शरत् की प्रतिभा को स्वीकार किया। किन्तु दोनों के बीच में निश्छल और निर्द्वन्द्व आत्मीयता अन्त तक स्थापित नहीं हो पायी। इसके उत्तरदायी कारणों में जहाँ दोनों महान साहित्यकारों का अहं था, वहाँ उससे कहीं अधिक वे चापलूस लोग थे जो रवीन्द्रनाथ को शरत् के विरुद्ध उकसाते रहते थे। राजनीति में शरत् कांग्रेसी थे। उनका झुकाव उग्रदल की ओर था। देशबन्धु चितरंजनदास के वे निकट सहयोगी थे। वे हावड़ा जिला कांग्रेस कमेटी के अध्यक्ष चुने गये थे। उन्हें प्रादेशिक कांग्रेस कमेटी तथा अखिल भारतीय कांग्रेस कमेटी का सदस्य निर्वाचित किया गया था। किन्तु वे किसी भी अर्थ में कट्टर कांग्रेसी नहीं थे। कांग्रेस के अनेक कार्यक्रमों से वे असहमत थे। जैसे चरखे में उनका रंचमात्र विश्वास नहीं था, यद्यपि वे निरन्तर चरखा कातते रहे। अपनी राजनैतिक असहमति को व्यक्त करने में उन्हें हिचक नहीं थी। क्रान्तिकारियों से उनका सम्पर्क था और वे उन्हें आदर और स्नेह के साथ देखते थे। जैसे अन्यत्र वैसे ही राजनीति में भी जीवन विरोधाभासों से भरा हुआ है। अपने भाई-बहनों के प्रति जिस कर्त्तव्य का निर्वाह अपने जवानी के दिनों में नहीं कर पाये उसका निर्वाह अपने जीवन के इस उत्तर पक्ष में करने का बराबर प्रयत्न किया।

शरत्चन्द्र अत्यन्त संवेदनशील व्यक्ति थे। उन्होंने दलित-उपेक्षित और बदनाम स्त्रियों में मानवीयता खोजकर अपनी संवेदनशीलता के आधार पर उन्हें अमर कर दिया। पशु-पक्षियों से उन्हें अत्यधिक प्रेम था।

शरत्चन्द्र ने अपने जीवन में जो अभिज्ञता प्राप्त की उसे ही अपने

उपन्यासों और अपनी कहानियों में अभिव्यक्त किया। शरत् बंगला कथा-क्षेत्र में एक नितान्त नवीन विषय-वस्तु लेकर आये। इस अभिज्ञता के प्रति वे सजग थे। उनका कहना था कि घर बैठ आरामकुर्सी पर पड़े रहकर साहित्य-सृष्टि नहीं होती। हाँ, नकल की जा सकती है। साहित्यकार यदि मानव को न देखें तो साहित्य नहीं होता।...मानव क्या है, यह मानव को देखे बिना नहीं समझा जा सकता। अत्यन्त कुत्सित गन्दगी के भीतर भी मैंने इतनी मानवता देखी है कि उसकी कल्पना नहीं की जा सकती। अत्यन्त कुत्सित गन्दगी के भीतर से मानवता की खोज ने उनके व्यक्तित्व की तरह उनके साहित्य को भी विवादास्पद बनाया। उनके साहित्य में आये पात्रों को यथार्थ जीवन में पहचानने का प्रयत्न किया गया। स्वयं शरत् का कहना था कि मेरे नब्बे प्रतिशत चरित्रों का आधार सत्य है। अत्यन्त कुत्सित गन्दगी में से उन्होंने मानवता को खोजा, किन्तु कुत्सा को महिमामंडित नहीं किया। इसलिए उनका विद्रोह संयत और विवेकाश्रित था। वे हिन्दू धर्म की क्रूरता से परिचित थे। उसकी आलोचना भी उन्होंने की, किन्तु उसके प्रति अपनी आस्था को कभी नहीं खोया। उन पर आरोप लगाया गया कि वे म्लेच्छ भावापन्न हैं। किन्तु उन्होंने सफ़ाई दी कि हिन्दू धर्म पर मैंने कभी भी कटाक्ष नहीं किया। केवल उसकी अनुदारता पर ही आक्रमण किया है। इस सम्बन्ध में विष्णु प्रभाकर का कहना है कि उन्होंने कहीं भी, एक क्षण के लिए भी अपने साहित्य में सनातन धर्म की मर्यादाओं की अवहेलना नहीं की। जनेऊ तक का समर्थन किया है। वे रूढ़ियों और कुरीतियों, अन्ध परम्पराओं और मूढ़ विश्वासों के विरोधी थे। धर्म की मूल स्थापनाओं के नहीं।

शरत्चन्द्र के प्रति विष्णु प्रभाकर में श्रद्धा है, अन्ध भक्ति नहीं। इसलिए वे नीर-क्षीर-विवेक कर सके हैं। उन पर यह आरोप नहीं लगाया जा सकता कि उन्होंने शरत् की भावातिरेक में आकर निर्बन्ध निन्दा की है या प्रशंसा की है। सन्तुलन सर्वत्र बना हुआ है। इसलिए *आवारा मसीहा* में शरत् का व्यक्तित्व प्रतिफलित हो सका है और अभिव्यक्ति का कलात्मक ढंग भी आ सका है। उन्होंने एक श्रेष्ठ जीवनी-लेखक से की जाने वाली अपेक्षाओं की पूर्ति की है और जीवनी-लेखन के कठिन कार्य को सफलतापूर्वक पूरा

किया है। इसलिए *आवारा मसीहा* का दोहरा महत्त्व है। पहला, वह एक श्रेष्ठ जीवनी है। हिन्दी के जीवनी-साहित्य की एक श्रेष्ठ उपलब्धि। दूसरा, उसने जीवनी-साहित्य के उपेक्षित क्षेत्र में भावी लेखकों का मार्ग प्रशस्त किया है। उनके सामने एक आदर्श रखा है।

निस्सन्देह *आवारा मसीहा* हिन्दी जीवनी-साहित्य की एक अमर रचना है।

जीवनी लेखन में साहसपूर्ण कदम

अमृतलाल नागर[*]

दुकानदार मित्र ने जब भी विष्णु प्रभाकर की *आवारा मसीहा* किताब मेरे सामने रखी तो देखते ही ऐसी ललक हुई कि क्षणमात्र में अगस्त्य के आचमन की तरह पूरी पुस्तक पी जाऊँ। ज़ाहिर है, ऐसी मन:स्थिति में पुस्तक यदि सौभाग्यवश सचित्र होती है तो उतावला पाठक पहले चित्रों को ही देखता है। इस पुस्तक में कलकत्ता और रूपनारायण नद के तट पर स्थित शरत् बाबू की कोठियों को देखकर ऐसा लगा कि वर्तमान काल में मेरे दिल की धड़कनें बन्द हो गयी हैं और मैं फिर से पिछली स्मृतियों में जीने लगा हूँ। चित्र में फाटक के पीछे झलकता कमरा शरत् बाबू का बैठकखाना है। चित्र में जहाँ बच्चे खड़े हैं उनके ठीक ऊपर ही चहारदीवारी की रेलिंग से जो दरवाज़ा झाँक रहा है उससे शरत् बाबू बाहर आ रहे हैं—चुन्नटदार धोती, कुरता, चादर, छड़ी और लाल विद्यासागरी जूतियाँ—शरत् बाबू झमाके के साथ लम्बे डग भरते हुए आ रहे हैं। फाटक से बाहर आये, कुछ देर यों ही खड़े रहे और फिर तेज़ी से डग बढ़ा अपनी कार में बैठ गये जिसका दरवाज़ा खोले ड्राइवर खड़ा है। मैं पीछे-पीछे उनके साथ हूँ, कार में बैठ जाता हूँ। शरत् बाबू को कहीं जाना है, लेकिन वे मुझे मेरे होटल में छोड़ते हुए जायेंगे।...हैंडिल पर तख्त जड़ी कुर्सी पर लेखन मुद्रा में विराजमान शरत् बाबू का चित्र देखा—यह कुर्सी उनके ऊपर वाले कमरे में रखी थी। गाँव के बरामदे में जहाँ उनकी आरामकुर्सी रखी रहती थी और वे बैठे-बैठे हुक्का गुड़गुड़ाया करते थे, वह कमरा जिसमें उनकी लाइब्रेरी थी—यह सब मेरे

---

[*]अमृतलाल नागर श्रेष्ठ कथाकार होने के साथ अपने समकालीन लेखन पर गहरी अंतर्दृष्टि के लिए भी विख्यात थे।

सामने जीवन्त दृश्यमान हो उठा है। जिनके दर्शनार्थ कभी दीवानगी के भाव से मैं पानित्राश और कलकत्ते गया था, जो अपने समय में देशभर के युवा हृदय सम्राट जादूगर शिल्पी थे, उन गुरुकल्प शरत् बाबू की स्मृतियाँ जगाने वाली पुस्तक और उसमें मेरे लिए सौभाग्य का विषय बन जाने वाले शरत् बाबू के एक खिलवाड़ के काग़ज़ की प्रतिलिपि भी छपी देखकर अहम् की चेतना के धक्के से मेरा मन फिर वर्तमान में आ गया। स्मृतियाँ अब दिली वस्तु न होकर दिमाग़ी हो गयीं। चरितनायक के बजाय *आवारा मसीहा* के निहायत शरीफ़ लेखक बंधुवर विष्णु प्रभाकर जी के प्रति मेरा ध्यान गया। विष्णु जी ने लखनऊ, इलाहाबाद, भागलपुर, कलकत्ता और रंगून की खाक छानी। लाइब्रेरियों में धूनी रमाकर बैठे और इस प्रकार लगन भरे 15 वर्ष इस किताब को पूरी करने में लगाये हैं। वे सचमुच बधाई के पात्र हैं।

डॉ. रामविलास शर्मा की *निराला की साहित्य साधना* और श्री अमृतराय कृत *कलम का सिपाही* जैसी पुस्तकें आ जाने के बाद अब यह तो नहीं कहा जा सकता कि हमारी भाषा इस दिशा में दरिद्र है पर *आवारा मसीहा* की विशेषता है कि यह एक गैर हिन्दी लेखक की जीवनी है। शरत्चन्द्र चट्टोपाध्याय की पुस्तकें उनके जीवन काल में ही भारत की प्राय: हर भाषा में अनूदित हो चुकी थीं, बांग्ला भाषा का गौरव भारतीय साहित्य का गौरव बन चुका था। इसलिए विष्णु जी ने इस दिशा में जो साहसपूर्ण कदम बढ़ाया है वह निश्चय ही नये हिन्दी लेखकों का दृष्टिपथ विकसित करेगा।

आवारा मसीहा एक ऐसे उपन्यासकार की कहानी है जिसका जीवन ही एक उपन्यास था। अपनी मृत्यु से कुछ ही दिनों पहले शरत् बाबू ने श्रीमती लीलारानी गंगोपाध्याय से स्वयं कहा था कि मेरा जीवन अंतत: मानो एक उपन्यास ही है। इस उपन्यास में सब कुछ किया, पर छोटा काम कभी नहीं किया। जब मरूँगा तो निर्मल खाता छोड़ जाऊँगा। उसके बीच स्याही का दाग़ कहीं भी न होगा।...'दास कबीर जतन से ओढ़ी, ज्यों की त्यों धरि दीनी चदरिया।' शरत् बाबू अपनी नीयत में साफ़ थे। लेकिन उनकी जन्म कुंडली में शायद कोई ऐसा भी ग्रह नक्षत्र पड़ा होगा जिसके कारण अपार यश के साथ-साथ यह कलंक भी जुड़ा रहा कि वे चरित्रहीन थे, शराबी थे। उन्होंने

एक जगह स्वयं ही कहा है, ''अगर मैं जानता होता कि एक दिन इतना बड़ा आदमी हो जाऊँगा तो शुरू से ही दूसरे ढंग से ज़िन्दगी बिताता।''

एक बार एक हठयोगी साधु ने मुझसे एक बड़ी अनमोल बात कही थी कि पत्थर जब हज़ार हथौड़ों की चोट खा लेता है तभी शंकर बन कर पुजता है। शरत् बाबू ने अपने अनबूझे जीवन को घाट-घाट पछाड़ा तब कहीं जाकर वे अपना मन बूझ पाये। और इसी जीवन प्रक्रिया में उनके सम्बन्ध में तरह-तरह की सच्ची-झूठी अफ़वाहें भी उनके चमत्कारिक यश के साथ ही साथ बढ़ती रहीं। एक बार एक मित्र ने उनसे कहा कि आप ऐसी अफ़वाहों का खंडन क्यों नहीं करते? हँसकर वे बोले कि सुनकर बहुत मज़ा आता है। वे लिखते हैं, 'जानता हूँ कि मेरे विगत जीवन को लेकर नाना प्रकार की जनश्रुतियाँ प्रचारित हो रही हैं लेकिन मेरे निर्विकार आलस्य को वे बिन्दु मात्र भी विचलित नहीं कर सकतीं। शुभचिन्तक बीच-बीच में उत्तेजित होकर कहते हैं कि इस झूठ का प्रतिकार क्यों नहीं करते। मैं कहता हूँ कि झूठ यदि है तो उसका प्रचार मैंने तो नहीं किया, इसलिए प्रतिकार करने का दायित्व भी मेरा नहीं है।'

इन अफ़वाहों के कारण शरत् बाबू आजीवन रहस्यमय बने रहे लेकिन इस पुस्तक में विष्णु जी ने इस मेहनत से तथ्यों को खोज-बटोर कर क्रम से संजोया है कि उनके अनेक रहस्य उद्घाटित हो जाते हैं। महान् प्रतिभाशाली पुरुषों को समझना आसान नहीं होता। उनकी बौद्धिक, नैतिक और ऐन्द्रिय या ऑर्गेनिक गतिविधियों में बड़ा असामंजस्य होता है। एक ओर तो वे ऐसे हीन अपराधी भी होते या हो सकते हैं जिनसे अब कोई घृणा करे और दूसरी ओर वे समाज में अद्भुत रूप से नैतिकता जगाने वाले, अंत:सौन्दर्य विकसित करने वाले पुण्यशील प्रेरक पुरुष भी होते हैं।

ग़ालिब जुआ खिलवाने और नाल के पैसों से शराब पीने के अपराध में पकड़े गये, आस्कर वाइल्ड ने उससे भी घृणित अपराध करने के लिए सज़ा पायी। वह सब तो अब ज़माना भूल चुका किन्तु उनकी कला का सुप्रभाव आज भी जीवित है। इसीलिए सुप्रसिद्ध नोबेल लारिस्ट वैज्ञानिक डॉ. अलेक्सी कॅरेल ऐसे महान प्रतिभाशालियों को महापुरुष मानने से इंकार करते हैं। वे

कहते हैं—मनुष्यों में एक ऐसा वर्ग है जो पागलों और अपराधियों के समान ही असंगठित मन वाला होकर भी हमारे आधुनिक समाज के लिए अनिवार्य होता है। उसे सभ्य समाज की चेतना से अलग नहीं किया जा सकता, क्योंकि इस वर्ग के लोग जीनियस होते हैं। उनमें कुछ मानसिक क्रियाएँ अमानुषिक रूप से विकसित हो उठती हैं। एक महान कलाकार, महान वैज्ञानिक या महान दार्शनिक शायद ही कभी महापुरुष बन पाता हो। आमतौर से वह औसत आदमियों की तरह ही होता है, जिसके मनोव्यक्तित्व का कोई अंग गैर कुदरती ढंग से अधिक उभर आता है। जैसे शरीर में कहीं ट्यूमर बढ़ जाता है वैसे ही जीनियस भी बढ़ जाता है। यह अतुलित प्रतिभाशाली औसत लोग आमतौर से दुखी जीवन बिताते हुए भी समाज को अपने प्रबल अंत: आवेगों के धक्के देकर आगे बढ़ाते हैं। मानवता भीड़ से विकसित नहीं होती, उसे ऐसी ही प्रतिभाओं से नवचेतना मिलती है। खैर।

शरत् बाबू के मनोव्यक्तित्व को समझने के लिए हमें उनकी पारिवारिक पृष्ठभूमि को अवश्य ही देखना होगा। पिता मोतीलाल विष्णु जी के शब्दों में, ''यायावर प्रकृति के स्वप्नदर्शी व्यक्ति थे। जीविका का कोई भी धन्धा उन्हें कभी बाँधकर नहीं रख सका, लेकिन गृहस्थी तो हव्य माँगती है।'' अपने निकम्मेपन और निर्धनता के कारण ही बाल-बच्चों के साथ उन्हें घर जमाई बनकर रहना पड़ा।

यों शरत् बाबू के पिता एक दृष्टि से बड़े ही प्यारे थे। उनके कठोर अनुशासनप्रिय ससुर जब किसी बच्चे के किसी अपराध पर क्रुद्ध होकर उसे अस्तबल में बन्द करवा देते थे तब वे चुपचाप उसे खाना खिलाने के लिए पहुँच जाते थे और जब उसकी मुक्ति का आदेश मिलता था तो एक फूलहार लेकर वे अस्तबल के द्वार पर खड़े हो जाते और जेल से छूटने वाले कैदी की तरह बच्चे का ऐसा भव्य स्वागत करते कि वह खुश हो जाता था। शरत् अपने पिता के व्यक्तित्व के इस पहलू से, उनकी कल्पनाशीलता और अध्ययनशीलता से एक ओर जहाँ प्रभावित थे और उन्हें प्यार करते थे, वहीं दूसरी ओर उनके निकम्मेपन के कारण अपनी दरिद्रता और पराधीनता से अत्यन्त क्षुब्ध होने के कारण वे शायद उनसे घृणा भी करते रहे होंगे। मन की इस दुहरी स्थिति के

कारण ही वे शायद अस्थिर और अशान्त बने, उनका विद्रोही व्यक्तित्व भी शायद इसी से पनपा।

दरअसल देखा जाये तो मनुष्य का अन्तःव्यक्तित्व उसकी काया की सीमा में कभी नहीं बँध पाता। वह उसके शरीर से सदा बड़ा होता है और तीव्र संवेदनशील व्यक्तियों का अन्तर्व्यक्तित्व तो विराट, व्यापक और महान होता है कि निरी बाल्यावस्था में भी ऐसा मनुष्य उसके अचेतन भार को अजब-अजब तरीकों से महसूस करता है और उसकी पहेली से परेशान सदा बेचैन बना रहता है। उसका भीतरी बड़प्पन बाहरी दुनिया में अपनी हीन से हीनतम स्थितियों में अपराजेय भाव रखकर बड़ी शान से अपना सिर ताने रहता है। अपनी अहंता पर करारी से करारी चोटें झेल कर भी उसकी आँखें आँसुओं में नहीं डूबा करतीं बल्कि क्रोध से लाल अंगार हो जाया करती हैं। स्वाभिमान रक्षा अथवा बदला लेने की वृत्तिवश उसका दिमाग़ और अधिक पैना होने लगता है। ऐसा व्यक्ति अधिकतर अनिवार्य रूप से करुण हृदय और न्यायप्रिय भी होता ही है। चूँकि अपने लिए आँसू बहाना उसकी प्रकृति के विरुद्ध होता है इसलिए दूसरों के बहाने उसके आँसू बाहर निकलने के लिए न्याययुक्त बहाना पा जाते हैं। मानव मन बड़ा विचित्र है। जिन अन्यायों का बदला वह अपने बचपन में अपने बड़ों से नहीं ले सकता, उन्हीं को लेने के लिए वह दूसरों के प्रति आग्रह भी रखता है। इस प्रकार उसकी चेतना अनुभवजनित ज्ञान से जुड़ती है, उसके संकीर्ण अपनेपन को नियति यों विराट बनाती है। शरत् एक ओर तो निहायत ज़िद्दी, दंगई और लापरवाह थे, वहीं दूसरी ओर पढ़ने में तेज़ और साहित्यिक अभिरुचि रखने वाले साथियों के सिरमौर भी थे। रवीन्द्रनाथ और बंकिमचन्द्र इन सजग किशोरों के संस्कारदाता धर्मगुरु थे। 'मेरो मन अनत कहाँ सुख पावे' दौड़-धूप दंगे-फ़साद करने के बाद वे जहाज़ के पंछी की तरह अपने लेखन कार्य में रम जाते थे। और यही उनको महान शरतचन्द्र बनाने में सहायक हुई। किशोरावस्था और तरुणाई के संधिकाल में शरत् बाबू ने बहुत लिखा और जो लिखा वह महत्त्वपूर्ण सिद्ध हुआ।

बुरे कहे जाने वाले लोगों के दिलों में बालक शरत् कोहिनूर से भी अधिक नायाब हीरे की चमक देखता है। और इसीलिए वह मरने से पहले

घोषणा करता है कि मेरी ज़िन्दगी बेदाग़ है। पाप की दह में धँसने वाले साहसी बालक का यही जन्मजात सात्विक संस्कार उसे साहित्य से जोड़ता है। भागलपुर के बचपन से लेकर रंगून में बिताई हुई जवानी तक शरत्चन्द्र इसी बदनसीबी और बदनामी की काली खोहों में धँस-धँस कर जीवन सत्य के दर्शन करते हैं। मुझसे एक बार उन्होंने कहा था, ''जो लिखो वह अपने अनुभव से लिखो।'' इस मंत्र को उन्होंने आजीवन स्वयं सिद्ध किया। (पुस्तक से मुझे दो लाभ हुए-एक तो कुछ ज्ञानवर्द्धन हुआ और दूसरे डिमाई साइज़ के 462 पृष्ठ पढ़ने की अवधि में शरत् बाबू जीवंत रूप में मेरे साथ रहे। यह विष्णु भाई की मेहनत का सुफल है।)

सर्वांग सुन्दर जीवनी

श्याम सुन्दर घोष[*]

हिन्दी के अपेक्षाकृत कम समृद्ध साहित्य-रूपों में जीवनी-साहित्य भी एक है। लेकिन अब इस दिशा में भी कुछ स्वस्थ और कलात्मक प्रयत्न प्रारम्भ हुए हैं। हाल के वर्षों में हिन्दी में तीन विशिष्ट जीवनियाँ प्रकाशित हुई हैं—अमृतराय कृत *कलम का सिपाही*, डॉ. रामविलास शर्मा लिखित *निराला की साहित्य साधना* (प्रथम खंड) और विष्णु प्रभाकर कृत *आवारा मसीहा*। इन तीनों पुस्तकों ने जीवनी-लेखन का जो स्तर और मानदंड सामने रखा है, वह यदि आदर्श और प्रेरक सिद्ध हुआ, तो हिन्दी भी जल्द ही अपने इस साहित्य-रूप पर गर्व कर सकेगी।

इन तीनों पुस्तकों में भी मुझे *आवारा मसीहा* का महत्त्व विशेष प्रतीत होता है। प्रेमचंद और निराला हिन्दी साहित्यकार थे, इसलिए हिन्दी में उनका जीवन चरित्र अंकित होना ही था। उक्त दोनों की जीवनियों पर उनके अपने ही लोगों ने कार्य किया। अमृतराय को प्रेमचंद का पुत्र होने के नाते लिखने की विशेष प्रेरणा और सुविधा थी तो डॉ. रामविलास शर्मा निराला के अन्तरंग होने के नाते इस कार्य को सुन्दरता से सुसम्पादित करने की स्थिति में थे। लेकिन विष्णु प्रभाकर को शरत्चन्द्र की जीवनी लिखने के लिए ऐसी कोई विशेष प्रेरणा और सुविधा न थी।

आमतौर पर जीवनियाँ समकालीनों के द्वारा लिखी जाती हैं, क्योंकि जीवनी-लेखन में अभिज्ञता की बहुत ज्यादा ज़रूरत पड़ती है। अभिज्ञता साहचर्य और साक्षात्कार से प्रौढ़ और परिपुष्ट होती है। परिचय तब और प्रगाढ़ और प्रेरक हो उठता है जब जीवनीकार और उसका नायक एक ही भाषाभाषी

---

[*]व्यंग्यकार श्याम सुन्दर घोष ने कथा आलोचना के क्षेत्र में भी अपना योगदान किया है।

हो। यह सौभाग्य विष्णु प्रभाकर का नहीं है। शरत्चन्द्र बंगाली साहित्यकार थे और विष्णु प्रभाकर का परिचय उनके ही शब्दों में इस प्रकार है—मैं न तो बंगाली हूँ और न मुझे शरत् बाबू के दर्शन करने का सौभाग्य ही प्राप्त हुआ है। बांग्ला भाषा भी मैं अच्छी तरह नहीं जानता। (भूमिका) ऐसी स्थिति में कोई दूसरा जीवनी लिखने की बात सोचता भी नहीं, साधारणत: यह नहीं ही सोचा जाता है। अभिज्ञाता के लिए भाषा और साहचर्य दोनों का बड़ा मोल है। किसी के जीवन तक पहुँचने के लिए ये दो ज़बरदस्त खुले 'राजमार्ग' हैं। इनके अभाव में छोटी-छोटी असंख्य पगडंडियों का निर्माण कर किसी के जीवन तक मुश्किल से पहुँचा जा सकता है। विष्णु प्रभाकर जी ने यही मुश्किल काम किया है। इसीलिए मैं हिन्दी की जीवनीत्रयी में *आवारा मसीहा* को विशेष महत्त्व देने का पक्षपाती हूँ।

कोई किसी की जीवनी अनायास और अकारण नहीं लिखता। जीवनीकार और नायक में रत्नाकर और गोताखोर का सम्बन्ध होता है। यदि कोई गोताखोर है तभी रत्नाकर उसके लिए रत्नाकर है, नहीं तो वह उसके लिए निरा समुद्र है। नायक के जीवन की सम्यक पहचान ही जीवनीकार को जीवनी-लेखन के लिए उकसाती है—ठीक वैसे ही जैसे रत्नाकर गोताखोर को बार-बार डुबकी लगाने के लिए प्रेरित करता है। वैसे तो हर साहित्य-विधा में लेखक को अपनी क्षमता तौलनी होती है और ऐसा करके ही वह उस विधा में प्रवृत्त होता है पर जीवनी लेखन में जीवनीकार को अपनी क्षमता को ज्यादा जाँचना परखना पड़ता है, क्योंकि यहाँ उसकी अक्षमता का भांडा जल्दी फूट सकता है। जब गोताखोर को विश्वास हो जाता है कि वह समुद्र में गहरे उतर सकेगा और वहाँ से मोती ला सकेगा तभी वह समुद्र में गोता लगाता है। उसी प्रकार जीवनीकार जीवनी लेखन में तभी प्रवृत्त होता है जब उसे विश्वास हो जाता है कि वह नायक के जीवन में गहरे उतर सकेगा और इसके जीवन के कुछ सर्वथा अछूते अंशों और प्रसंगों को निरावृत्त और उद्घाटित कर ऐसे मूल्यों को सामने ला सकेगा जो रत्नों से भी अधिक मूल्यवान और प्रकाशवान हों। *आवारा मसीहा* के नायक और जीवनीकार का सम्बन्ध रत्नाकर और गोताखोर जैसा ही है।

शरत्चन्द्र ने अपने जीवन को एक उपन्यास कहा है। लेकिन उपन्यास से केवल घटनात्मकता और रोचकता का ही अर्थ नहीं लिया जाता है वह रहस्य, गाम्भीर्य और निगूढ़ता को भी व्यंजित करता है। उपन्यास सही में मानव जीवन का महासागर है। उसमें और सभी साहित्य विधाएँ अन्तर्मुक्त हो जा सकती हैं। जिसका जीवन ऐसा उपन्यास या महासागर हो उसके अछूते पक्षों को ढूँढ़ निकालना बड़ा मुश्किल काम है। वैसे तो मनुष्य मात्र में गोपनवृत्ति होती है और यह गोपनवृत्ति कई प्रकार से कार्य करती है, जिसके कारण मनुष्य का चरित्र दुस्तर और दुर्लंघ्य हो जाता है पर शरत्चन्द्र में तो यह वृत्ति और भी बढ़ी-चढ़ी थी। इसलिए भी उनके जीवन को महासागर कहना ज्यादा ठीक है। वे ऊपर से जो कुछ थे अन्दर से वह बिलकुल नहीं थे। इस अर्थ में उनका व्यक्तित्व एक जटिल व्यक्तित्व था। वैसे जटिल व्यक्तित्व तो साहित्यकारों के होते ही हैं लेकिन इसमें भी 'सिद्ध जटिलता' और 'असिद्ध जटिलता' ये दो उप-विभाग किये जा सकते हैं। जिसके व्यक्तित्व की जटिलता सिद्ध है उसके व्यक्तित्व का उद्घाटन तो फिर भी सरल है, क्योंकि वहाँ विश्लेषक पहले से ही सतर्क और तैयार रहता है और अतिरिक्त औज़ारों का इस्तेमाल करता है। लेकिन जिसकी जटिलता सिद्ध न हो, कभी जटिल हो और कभी अत्यन्त सरल, उसके व्यक्तित्व का विश्लेषण मुश्किल हो जाता है। वहाँ तो आदमी जाकर फँस सकता है। शरत्चन्द्र का जीवन ऐसा ही सरल और जटिल था, ऊपर-ऊपर से बहुत आसान और एक आयामी पर भीतर ही भीतर बहुत जटिल और बहुआयामी। शरत् के जीवन में औसत लेखकों की अपेक्षा घटना-बाहुल्य अधिक था इसलिए उनके जीवनीकार को स्थूल हो जाने का खतरा भी अधिक था। लेकिन विष्णु प्रभाकर ने इस कठिन डगर पर बहुत सँभल कर पाँव रखा है। इसीलिए जहाँ उन्होंने शरत् के जीवन के ब्यौरों का उपयोग कर रोचक कथा-सृष्टि की है वहाँ उनके निगूढ़ मनोभावों का अवगाहन कर एक मनोरम भाव-जगत का आविष्कार किया है। नायक के भीतर-बाहर की यह झाँकी कुछ इस प्रकार की है कि इसका एक अविच्छिन्न समानान्तर क्रम बना रहता है। जीवनीकार ने विवरणों को कभी भी इतना घनीभूत नहीं होने दिया है कि उसकी पारदर्शिता खत्म हो जाये और भीतर का सब कुछ ढँक-मुँद

जाये। इसके साथ ही इसका भी ध्यान है कि भीतर का सब कुछ निराधार और वायवीय न मालूम हो इसलिए उसका संलग्न आधार भलीभाँति प्रस्तुत है। यह युगपत् सम्बन्ध जीवनी को रोचक तो बनाता ही है विश्वसनीय भी बना देता है।

जीवनी-लेखन यद्यपि व्यक्तिमूलक लेखन है तथापि अत्यधिक व्यक्तिमूलक लेखन नहीं है। जो इस बात को नहीं समझते वे सफल जीवनीकार नहीं हो सकते। जीवन परम्परा और समाज से अविच्छिन्न नहीं होता, जो अविच्छिन्न दीखता है, वह भी नहीं होता। जीवनी में मूल उपजीव्य नायक होने से बहुधा होता यह है कि जीवनीकार इसी को चित्रित करने में अधिक ध्यान देता है, जबकि उसके पार्श्व में बहुत कुछ जीवन्त, फीका और श्रीहीन रह जाता है। इसके लिए जीवनीकार शर्मिन्दा भी नहीं होता क्योंकि उसकी मूल प्रतिज्ञा नायक को चित्रित करने की होती है। कैनवस छोटा होने के कारण वह इसी को चित्रित कर सन्तोष का अनुभव कर लेता है। पर यह दृष्टिकोण ठीक नहीं है। जीवनी बराबर 'विशेष' की होती है, या यदि विशेष की न भी हो, तो भी जीवनीकार के द्वारा 'विशेष' बन ज़रूर जाता है। इसलिए जीवनी लेखन का कार्य छोटे कैनवस पर होना ही नहीं चाहिए। उसके लिए बड़ा कैनवस ज़रूरी है। जब आप नायक को लेंगे तो उसके सगे-सम्बन्धियों, मित्रों और शत्रुओं को कैसे छोड़ देंगे? उसकी पूरी दुनिया, जिसमें वह रहता है, और जो रंगारंग और विविध है, उसे कैसे गुम कर देंगे? ऐसा करना अन्याय तो होगा ही, होगा कृत्रिमता का वरण, इसलिए जीवनीकार को नायक और उसके पार्श्व को चित्र और फ्रेम की तरह चित्रित न कर एक अबाधित, अविच्छिन्न जीवन्त चित्रावली के रूप में चित्रित करना होता है। वहाँ नायक के इर्द-गिर्द चौखटे और फ्रेम की ज़रूरत नहीं है। विष्णु प्रभाकर ने *आवारा मसीहा* में यह काम बखूबी किया है। शरत्चन्द्र जहाँ भी संगी-साथियों, मित्रों-परिचितों और विरोधियों के साथ अंकित हुए हैं वहाँ जीवनीकार ने रंगों और रेखाओं का समान वितरण किया है। उसने नायक के तैल चित्र बनाये हैं और उपनायकों के पेंसिल स्कैच खींचे हैं, ऐसा नहीं है। तभी तो *आवारा मसीहा* न केवल शरत्चन्द्र जी की जीवनी है वरन् तत्कालीन बंगाली-साहित्य समाज का एक जीता जागता एलबम और साहित्यिक घटनाओं, प्रसंगों और

वाद-विवादों का प्रामाणिक दस्तावेज़ भी बन सका है। शरत्चन्द्र के साथ न जाने कितने महानुभाव इन पन्नों में जीवन्त और साकार हो उठे हैं। चाहे वे शरत् के पिता मोतीलाल हों या उनकी माँ भुवनमोहिनी, या *भारतवर्ष* पत्रिका के सम्पादक रायबहादुर जलधर सेन या सुप्रसिद्ध देशभक्त देशबन्धु चितरंजन दास या प्रसिद्ध वैज्ञानिक प्रफुल्लचन्द राय या विश्वकवि रवीन्द्रनाथ ठाकुर या *बिजली* के सम्पादक नलिनीकान्त सरकार हों। और तो और शरत्चन्द्र के कुत्तों, बकरों, पक्षियों को भी लेखक ने उसी स्नेह और ममत्व से चित्रित किया है जो स्नेह और ममत्व उनके प्रति शरत्चन्द्र के मन में था। इसके लिए लेखक की सृजनशील उदारता का परिचय मिलता है। लेखन में कृपणशीलता कभी भी रास नहीं आती। और अविवेकी कृपणशीलता तो और भी घातक होती है। अच्छा लेखक बड़ी से बड़ी और छोटी से छोटी वस्तु को समान महत्त्व देता है और यदि वह वस्तु चरित्र हो तो फिर कहना ही क्या है? चरित्र छोटा हो या बड़ा सभी जीवन्त होते हैं। यदि वह जीवन्त न भी हों तो भी लेखक उसे जीवन्त तो करना चाहता ही है, फिर किसी को 'जतन से गढ़ना' और किसी को 'घसीट मारना' स्वयं लेखक की प्रतिज्ञा के विरुद्ध जाता है।

आवारा मसीहा में एक निष्णात विश्लेषक के रूप में जीवनीकार को हर जगह देखा जा सकता है। और तो और जीवन विश्लेषण के क्रम में वे समाज विश्लेषण भी ज़रूरी समझते हैं। वे केवल ऊपरी बातों पर ही गौर नहीं करते, बहुत गहरे उतर कर वास्तविकता की गहरी छानबीन करते हैं। एक जगह उन्होंने शरत् की रचनाओं की बिक्री और उनकी लोकप्रियता का उल्लेख किया है। वे लिखते हैं, 'एक-एक खंड की पाँच-पाँच हज़ार प्रतियाँ छपती थीं और कुछ ही महीनों में बिक जाती थीं।' कोई साधारण लेखक इतना ही लिख कर रह जाता। लेकिन प्रभाकर जी आगे लिखते हैं, 'उन दिनों देश में काफ़ी धन था, क्योंकि प्रथम महायुद्ध के बाद पटसन का दाम बढ़ गया था। बंगाल पटसन के लिए प्रसिद्ध है। अधिक धन के कारण लोगों का जीवन स्तर ऊपर उठ रहा था। काँच की कुप्पी की जगह हरिकेन लालटेन आ गयी थी और सिर के ऊपर फूँस के छप्पर का स्थान टीन की चादरों ने

ले लिया था इसलिए लोग पुस्तकें भी खरीदने लगे थे।' यहाँ पठनाभिरुचि को प्रभावित करने वाली जिन स्थितियों का विश्लेषण है वह जीवनीकार के लिए बहुत आवश्यक नहीं है। लेकिन यदि यह है तो इससे तत्कालीन सामाजिक स्थितियों के विश्लेषण में प्रामाणिकता का ही समावेश होता है। इसलिए यह एक प्रकार से अप्रासंगिक होकर भी दूसरे ढंग से ज्यादा प्रासंगिक है।

हिन्दी पाठकों, लेखकों और सम्पादकों के लिए *आवारा मसीहा* के कई प्रकरण रोचक और बेधक सिद्ध हो सकते हें। देशबन्धु चितरंजन दास ने *नारायण* पत्रिका में शरत्चन्द्र की एक रचना प्रकाशित की। पारिश्रमिक के रूप में उन्होंने लेखक को एक कोरा चैक भेजते हुए लिखा, 'अर्थ को लेकर आप जैसे शिल्पी की रचना का मूल्य निर्धारित नहीं किया जा सकता। आपके पारिश्रमिक के रूप में यह चैक भेजता हूँ। कृपा करके इसे स्वीकार कीजिये और इच्छानुसार रुपये इसमें लिख लीजिये। कोई संकोच न कीजिये।' हिन्दी में किसी लेखक को ऐसा सौभाग्य प्राप्त हुआ हो यह नहीं कहा जा सकता। यहाँ ऐसे पारखियों का मिलना दुर्लभ ही है। रचनाकार के लिए कितनी सम्मान भावना है यहाँ। एक और दृष्टान्त लीजिये : *भारतवर्ष* के सम्पादक रायबहादुर जलधर सेन आते, शरत् बाबू के सेवक भोला को पुकारते—ओ रे भोला, चा ले आ और भीतर बउमाँ को कह दे कि आज मैं यहीं नहाऊँगा खाऊँगा। इतना कहकर वे कपड़े उतारते और एक तकिये के सहारे लेटकर चुरूट पीने लगते। शरत् बाबू सब कुछ देखते, मुस्कुरा कर पूछते, ''क्या बात है दादा, इस सबका क्या मतलब है ?''

''मतलब पाँच बजे चाय पीकर जाऊँगा। तुम्हारा लेख भी लेता जाऊँगा। इसलिए अब समय व्यर्थ न खोकर लिखना शुरू कर दो।'' लेखकों और सम्पादकों में ऐसा स्नेह सम्बन्ध हिन्दी के लिए अकल्पनीय वस्तु है। शरत्चन्द्र की जीवनी के क्रम में लेखक ऐसे जीवन्त चित्र और दस्तावेज़ प्रस्तुत करने को बाध्य न था, केवल इतना लिख देना ही काफ़ी था—जलधर सेन, चिर आलसी शरत् इतना लिख पाये इसका सबसे अधिक श्रेय इन्हीं का है। लेकिन नहीं, विष्णु जी का कथाकार ऐसे प्रसंगों को रोचक और विश्वसनीय बनाकर प्रस्तुत करना आवश्यक मानता है।

हर जीवनीकार के सामने उसके नायक का एक तैयार (फ़िनिश्ड) चरित्र होता है। इस रूप में उसका काम बहुत आसान इस अर्थ में हो सकता है कि वह उस परिपक्व चरित्र को ही रंग चुंग कर सामने रख दे पर जीवनी लेखन की यह अपेक्षाकृत आसान शर्त या पद्धति है। आदर्श जीवनीकार उस तैयार चरित्र को न लेकर चरित्र को क्रमश: गढ़ता है, या तैयार करता है। यह बहुत मुश्किल काम है। इसलिए कल्पना, धैर्य, रचनाशीलता, प्रामाणिकता, खोज और छानबीन आदि बहुतेरी चीज़ों की ज़रूरत पड़ती है। उसे तैयार चरित्र की ओर से नज़रें फेर कर उसके जीवन के एक-एक रग रेशे को उघार-उघार कर उन्हें कच्चे माल के रूप में स्वीकार कर, फिर निर्माणशाला में उन्हें धीरे-धीरे रूप ग्रहण करते, विकसित होते, रूपान्तरित होते, चित्रित करता है। यह प्राप्त परिपक्व चरित्र का पुनर्निर्माण और पुनरावतरण है। इस अवतरण का एक-एक चरण विश्वसनीय ढंग से पूरा करना होता है, जहाँ भी जरा चूके कि गये। इस अर्थ में जीवनीकार का काम एक उपन्यासकार से कई गुना कठिन है क्योंकि उपन्यासकार को तो एक बिलकुल नया चरित्र गढ़ना होता है, जबकि जीवनीकार को एक समानधर्मा चरित्र को गढ़ कर गढ़े हुए चरित्र को प्राप्त चरित्र से बीस दिखाना पड़ता है। यह जीवन्त नकल को कुछ और सुन्दर नकल और उसे और ज़्यादा जीवन्त प्रमाणित करना है। *आवारा मसीहा* में यह काम सुन्दर रीति से हुआ है। बालक शरत् से लेकर किशोर शरत्, युवक शरत्, यायावर शरत्, साथियों में रमनेवाले किस्सागो, परदुखकातर, सेवक, गायक, दफ़्तर का मुलाजिम, अड्डेबाज, नशाखोर, आत्मविश्वास से हीन, निरन्तर सफलता पाकर भी अनुद्वेगी, पक्षु-पक्षी-प्रेमी, उदार, शौकीन आदि उसके विविध रूप धीरे-धीरे कमलदल की पंखुरियों के समान खुलते हैं और चारित्रिक सौरभ बिखेरते चले जाते हैं। जीवनीकार ने चरित्र के इस ढाँचे को बहुत मेहनत, कल्पना और निष्ठा से तैयार किया है। इस क्रम में उन्होंने शरत् सम्बन्धी प्रवादों, किंवदंतियों और अनेकमुखी कथनों को खूब ठोक-बजा कर देखा है और उनका सधा उपयोग किया है। इस प्रकार की सामग्रियों को उसने घबराकर, या अस्पृश्य मानकर छोड़ा भी नहीं है पर उसे ज्यों का त्यों स्वीकार भी नहीं किया है। इस क्रम में लेखक ने काफ़ी ऊहापोह किये हैं।

लेखक ने शरत्चन्द्र का चरित्र गढ़ने में कई चरित्रों को खाद के बतौर इस्तेमाल किया है। इस क्रम में शरत् के पिता मोतीलाल और उनके बचपन का मित्र राजू का विशेष सुन्दर उपयोग हुआ है। लेखक ने पिता और पुत्र के चारित्रिक तारतम्य का अच्छा चित्रण किया है। शरत् में बहुत कुछ ऐसा पल्लवित-पुष्पित हुआ जो उनके पिता में बीजरूप में था। इस ओर जीवनीकार की दृष्टि गयी है, यह बड़ी बात है। यद्यपि शरत् के पिता मोतीलाल जी का उल्लेख बहुत थोड़ा है तथापि वह कई दृष्टियों से बहुत पूर्ण और सार्थक है। वह एक स्वतन्त्र चरित्र के रूप में तो हमें आकर्षित कर हमारे मन को करुणा से आप्लावित करता ही है, एक अनुलग्नक के रूप में शरत् के चरित्र को एक दृढ़ आधार भी देता है। इस रूप में शरत् के चरित्रों को एक पारम्परिक पारिवारिक रूप प्राप्त होता है। शरत् एक महान लेखक थे इसमें तो शक ही नहीं और जीवनीकार भी 'अपराजेय कथा शिल्पी' आदि विशेषणों से बार-बार उसके जीनियस रूप को स्मरण करता है। लेकिन वह उसके चरित्र को मूलत: जीनियस मान कर कहीं भी चित्रित नहीं करता। महान चरित्र भी अत्यन्त साधारण चरित्र होते हैं और उनके निर्माण में भी चरित्र गठन सम्बन्धी साधारण नियम ही कार्य करते हैं, लेखक बराबर इस बात का ख़याल कर उनकी खोज करता चलता है। इस दृष्टिकोण के कारण भी जीवनी आकर्षक बन गयी है।

विष्णु प्रभाकर जी की भाषा सीधी-सादी और सरल है। जिस कलानिष्ठा से उन्होंने यह जीवनी लिखी है उसको देखते हुए उनकी भाषा यदि कुछ और रंगीन हो जाती तो यह स्वाभाविक समझा जाता। लेकिन उनके वस्तुन्मुखी दृष्टिकोण के कारण भाषा पर भी एक नियन्त्रण बना हुआ है। बाज-बाज स्थान पर उन्होंने बेधक रीति और अपनी सरल, सहज भाषा से वह काम लिया है कि देखते बनता है। एक-दो उदाहरण ही काफ़ी हैं। कहा जाता है कि विधवा तरुणी निरुपमा देवी के प्रति शरत् का कुछ आकर्षण था। यह आकर्षण कभी खुल कर प्रकट नहीं हो सका। दोनों जीवन भर अलग-अलग चुप मौन रहे। शान्त शरत् ने अपने पत्रों में या मित्रों से निरुपमा देवी की बार-बार चर्चा की है। उनकी आत्मिक भाव सम्पदा का उल्लेख तो बार-बार हुआ है लेकिन उनके उदास तारुण्य का कहीं उल्लेख नहीं है। पाठकों में यह जिज्ञासा स्वाभाविक

है कि निरुपमा देवी, उस समय जबकि शरत् उनके सान्निध्य में थे, कैसी रही होंगी ? लेखक ने एक जगह केवल एक वाक्य में निरुपमा देवी का ऐसा वर्णन किया है जो उनके सौन्दर्य और माधुर्य को स्पष्ट करता है। प्रथम श्राद्ध के अवसर पर किशोरी निरुपमा पास ही नदी के किनारे पति को पिंडदान करने गयी। साथ में विधवा भाभी, छोटा भाई और शरत् थे। 'उस समय न जाने कहाँ से आकर एक भिरड़ ने निरुपमा को काट लिया था। शायद शहद के आकर्षण से ही वह वहाँ आ गयी थी।' इस एक वाक्य से लेखक ने निरुपमा देवी के स्निग्ध सौन्दर्य का जो वर्णन किया है वह अद्भुत-अपूर्व है। ऐसा ही एक उदाहरण और है। शरत् अपने विद्यार्थी जीवन में ही अपने मित्र राजू के साथ वेश्या के यहाँ जाने लगे थे। उस समय कालीदासी नाम की एक नर्तकी मंसूरगंज में रहती थी। उसके पास बहुत पैसा था। कीर्तन करती थी। कंठ उसका खूब मधुर था। सुना जाता था कि वह राजू और शरत् दोनों से खूब स्नेह करती थी। इस प्रकरण को पढ़कर पाठकों के मन में कुछ और जिज्ञासा स्वाभाविक है। उनकी इस जिज्ञासा का समाधान करते हुए लेखक लिखते हैं, 'आज यह मीमांसा करना व्यर्थ है कि उन्नीस वर्षीय शरत् ने नर्तकी कालीदासी के सम्पर्क में आकर वर्जित फल का स्वाद लिया था या नहीं।' इस वाक्य में जिस तरह शंका का निराकरण किया गया है वह लेखक का कौशल और अभिव्यक्ति क्षमता दोनों स्पष्ट करते हैं।

मैं इस सर्वांग सुन्दर जीवनी के लिए विष्णु प्रभाकर जी को साधुवाद देता हूँ।

हिन्दी का एक गौरव ग्रन्थ

विश्वम्भर 'मानव'[*]

शरत्चन्द्र चट्टोपाध्याय (1876-1938) भारतवर्ष के महानतम् लेखकों में से हैं; लेकिन उनका जीवन अनन्त रहस्य से मंडित है। व्यक्ति शरत्चन्द्र के सम्बन्ध में बहुत कम जानकारी उनके पाठकों को है। अन्य भाषाओं में तो क्या, बांग्ला में भी उनकी कोई ऐसी जीवनी नहीं थी, जिसे प्रामाणिक कहा जा सके। शरत्चन्द्र ने जीवन भर अपने को छिपाने का प्रयत्न किया। उनके सम्बन्ध में अनेक अपवाद फैले, उनका खंडन करने का प्रयत्न उन्होंने कभी नहीं किया। उन्हें कहानी लिखने का ही नहीं, कहानी सुनाने का भी शौक था। विनोद के लिए वे अपने सम्बन्ध में झूठी-सच्ची कहानियाँ गढ़ कर फैला देते थे। उनके पत्रों तक में ये बातें लक्षित होती हैं। ऐसी दशा में उनके सम्बन्ध में वास्तविकता को जानना बहुत कठिन काम हो गया है। हिन्दी में असंख्य पाठकों के समान श्री विष्णु प्रभाकर भी आरम्भ से ही शरत्-साहित्य के प्रेमी रहे हैं। उनके अनुपम साहित्य से प्रेरित होकर उनके जीवन की घटनाओं के अनुसंधान की प्रेरणा उनके मन में जगी। वे भारत और बर्मा के उन स्थानों में घूमे, जहाँ शरत्चन्द्र कभी रहे थे। उन लोगों से मिले जो उनके सम्बन्ध में कुछ भी जानते थे। बांग्ला, हिन्दी, अंग्रेज़ी आदि में उस समस्त साहित्य का अध्ययन उन्होंने किया, जो उनके जीवन से सम्बन्धित था। पत्रिकाओं के लेखों और उन्हें या उनके द्वारा लिखे गये पत्रों से उपयुक्त सामग्री का चयन किया। उन्होंने उनके कट्टर विरोधियों और उनसे घृणा करने वाले व्यक्तियों से भी भेंट की। और तब चौदह वर्ष के प्रयत्न के उपरान्त अपने कर्म के प्रति

---

[*] हिन्दी समीक्षा के क्षेत्र में सक्रिय रहे स्व. विश्वम्भर 'मानव' की आलोचना-समीक्षा सम्बन्धी अनेक पुस्तकें प्रकाशित हुई हैं।

गहरी आस्था के साथ *आवारा मसीहा* नाम से शरत्चन्द्र की जीवनी प्रस्तुत की। विष्णु प्रभाकर एक अध्येता होने के साथ सफल कथाकार और नाटककार भी हैं। अतः यह वृहदाकार जीवनी प्रामाणिक होने के साथ अत्यन्त रोचक भी बन पड़ी है। *आवारा मसीहा* को पढ़ने में पाठक को वैसे ही आनन्द की अनुभूति होती है जैसे किसी उपन्यास को पढ़ने में। व्यक्ति को तन्मय करने वाला यह भी खड़ी बोली का एक गौरव-ग्रन्थ है।

शरत्चन्द्र के सम्बन्ध में लेखक ने प्रारम्भ से लेकर अन्त तक किसी बात को छिपाया नहीं है। वे एक निर्धन माता-पिता की सन्तान थे और उनके पिता घर-जमाई बन कर रहते थे। उनकी शिक्षा पूरी नहीं हो पायी। वे पतंग उड़ाते, गुल्ली-डंडा खेलते, बागों से फल और नदी-किनारे से दूसरों की मछलियाँ चुराते, बाँसुरी बजाते और शरारती लड़कों के सरदार बनकर घूमते थे। अभिनय में रुचि लेते तथा रसिक व्यक्तियों की मण्डली में सम्मिलित होते थे। किशोरावस्था में ही वे नशा करना सीख गये थे। गाँव से भाग कर जब वे बर्मा गये और दस-बारह वर्ष अपरिचय के अन्धकार में रहे, तो वहाँ भी छोटे लोगों की गुमनाम बस्तियों में छिपे रहे। पोंगी साधु बन कर कई बार दूर-दूर तक भ्रमण किया। गाँजा, अफ़ीम, शराब, ऐसा कोई नशा नहीं था जो उनसे छूटा हो। हुक्का तो वे पीते ही थे। वेश्याओं के यहाँ आना-जाना एक सामान्य बात थी, यहाँ तक कि जब वे कलकत्ते आते थे तो किसी-न-किसी वेश्या के यहाँ भी ठहरते थे। इन सब बातों के लिए वे जीवन भर जाति से बहिष्कृत रहे। यह उनके व्यक्तित्व का एक पक्ष है।

उनके जीवन का एक दूसरा पक्ष भी है। बचपन से ही वे निर्धन व्यक्तियों की सहायता करते थे, अन्याय का विरोध करते थे, रोगियों की अपने हाथ से सेवा करते थे और छूत की बीमारियों में मरे लावारिस प्राणियों को अपने और अपने साथियों के कन्धों पर रख कर श्मशान-भूमि पहुँचाते थे। उनकी यह निर्भयता, दानशीलता, करुणा और सेवा-भावना सदैव बनी रही। वे छिपकर पुस्तकालयों में गहन अध्ययन करते थे और सदैव कुछ-न-कुछ लिखते रहते थे। जीवन में जो क्षुद्र है, जो तिरस्कृत है, जो पतित है, उसे उनके हृदय की गहरी सहानुभूति प्राप्त थी। शरत् ने लिखा है कि बेहोश होने पर भी उन्होंने

किसी वेश्या के शरीर को कभी छुआ नहीं, क्योंकि जिसे वे प्यार नहीं करते, उसे स्पर्श भी नहीं कर सकते। यह बात कहाँ तक सत्य है, कहा नहीं जा सकता। लेकिन उनके प्यार की कहानी अतिशय करुण है। सुना है कि अपने अनुभव के आधार पर उन्होंने पाँच सौ पतिताओं की जीवनी लिखी थी, जो घर में आग लगने से नष्ट हो गयी। अपने साहित्य में भी उन्होंने उनका जैसा चित्रण किया है, वह ईर्ष्या की वस्तु है। इस अनुभव को सृजनात्मक रूप देने के कारण ही, वे इतने ख्यात और महान बने। यह सही है कि स्थूल दृष्टि से उन्हें अर्द्धशिक्षित या आवारा कहा जा सकता है, लेकिन अपने जीवन में जो उन्नति उन्होंने की, वैसी उन्नति ऐसे कितने लोग कर पाते हैं ?

एक समय ऐसा भी था जब उनके पास दोजून के भोजन के लिए पैसे नहीं थे। बर्मा में भी उन्होंने अत्यन्त साधारण वेतन पर क्लर्की की। वे अत्यन्त संकोची स्वभाव के थे और इसमें कोई सन्देह नहीं कि वे अपने लिखे को प्रकाशित कराना नहीं चाहते थे। लेकिन जब छद्म नाम से उनकी कहानी प्रकाशित हुई, तो लोगों को सन्देह हुआ कि उसे रवीन्द्रनाथ ठाकुर ने लिखा है। स्वयं रवि ठाकुर उसे पढ़कर चकित हुए। उनकी रचनाओं को प्राप्त करने के लिए सम्पादकों में होड़ लगी रहती थी। उनके प्रकाशक ने आरम्भ में सौ रुपये मासिक के प्रबन्ध के आश्वासन पर उन्हें कलकत्ते बुलाया और कुछ ही वर्षों के उपरान्त उनकी रॉयल्टी हज़ार-बारह सौ रुपये मासिक हो गयी। यह आज से पैंतालीस वर्ष पूर्व की बात है। उन्होंने एक बड़ा मकान गाँव में बनवाया, एक भव्य बँगला कलकत्ते में। कार खरीदी। नौकर-चाकर रखे। उनके उपन्यासों पर फ़िल्में बनीं। उन्होंने राजनीति में भाग लिया और वे हावड़ा ज़िला कांग्रेस कमेटी के प्रधान नियुक्त हुए। उनके साहित्य पर ढाका विश्वविद्यालय ने उन्हें डी.लिट्. की उपाधि प्रदान की। प्रौढ़ावस्था में न जाने कितनी बार उनका भव्य स्वागत और अभिनन्दन हुआ। कहा गया कि उन्होंने बंगाली वेदना के केन्द्र में वाणी का स्पन्दन पैदा किया है। इससे अधिक किसी लेखक की और क्या प्रशंसा की जा सकती है ? उनके परिचितों में रवीन्द्रनाथ ठाकुर, काज़ी नज़रूल इस्लाम, देशबन्धु चितरंजनदास, सुभाषचन्द्र बोस, दिलीपकुमार राय, न्यायमूर्ति रमाप्रसाद मुकर्जी, इतिहासकार रमेशचन्द्र मजूमदार, पी.सी. रे, रामानन्द चटर्जी

तथा बंगाल की पुरानी और नयी पीढ़ी के सभी साहित्यकार थे। लोग उन्हें कितना प्यार करते थे, इसका अनुमान लगाना कठिन है। अन्तिम दिनों में जब एक सर्जन ऑपरेशन करने से हिचकिचाये, तो शरत् ने कहा, ''आपने अपने लड़के का ऑपरेशन किया है, फिर मेरा क्यों नहीं कर सकते?'' डॉक्टर ने उत्तर दिया, ''नहीं, मैं नहीं कर सकूँगा। एक लड़का गया तो दूसरा हो सकता है; लेकिन एक शरत्चन्द्र के जाने पर मैं दूसरा कहाँ से लाऊँगा?''

शरत्चन्द्र के जन्म से लेकर उनके निधन तक यह जीवनी बहुत व्यवस्थित ढंग से लिखी गयी है और जीवन का छोटे से छोटा कोई ऐसा अंश नहीं है, जो पाठक की उत्सुकता को जागृत कर उसकी तृप्ति न करता हो। लेखक ने पूरी सामग्री का चयन बहुत सतर्कता से किया है। उसने प्रशंसकों और निन्दकों दोनों की बातों को बहुत ध्यान से सुनकर उसके बीच से अपना मार्ग निकाला है। घटनाओं के प्रस्तुतीकरण के साथ, उसका जो अपना दृष्टिकोण है, वह यथार्थवादी और विवेकपूर्ण है। शरत्चन्द्र के सम्बन्ध में प्रचलित अत्यधिक प्रसिद्ध बातों के सम्बन्ध में उसने स्पष्ट रूप से कहा है कि ये सत्य नहीं है। इन घटनाओं में से एक यह भी है कि एक दिन कुछ क्रुद्ध युवक उनके घर में घुस आये। उनके हाथ में *चरित्रहीन* की एक प्रति थी। अपना विरोध प्रकट करने के उपरान्त उन्होंने उसे फाड़ कर उनकी आँखों के सामने जला दिया और शरत् थे कि मर्माहत से देखते रहे। इस सन्देह और सावधानी के कारण ही कोई भी प्रसंग अतिरंजित रूप में नहीं आ पाया है। विष्णु प्रभाकर का कथाकार तो इसमें सक्रिय है; पर उनके भीतर बैठा नाटककार नहीं। घटनाएँ कहीं भी नाटकीय नहीं हैं। कहने का आशय यह कि शरत्चन्द्र का सहज मानवीय रूप ही इसमें उभरकर सामने आता है। उन्हें असाधारण बनाने का प्रयत्न, जैसा कि ऐसे ग्रन्थों में प्राय: होता है, कहीं नहीं पाया जाता। हिन्दी में इधर कई प्रसिद्ध लेखकों की जीवनियाँ प्रकाशित हुई हैं। संयोग से उनके लेखक या तो उनके कुटुम्बी हैं या निकट के सम्बन्धी या घनिष्ठ मित्र। इसलिए उनमें प्रशंसा की मात्रा अत्यधिक है और स्वभाव की जिन सीमाओं से सामान्य पाठक भी परिचित हैं, उनकी चर्चा तक उनमें नहीं पायी जाती। वहाँ प्रत्येक लेखक एक महापुरुष है। ग्रन्थ में जीवन कम, उसके साहित्य

से उद्धरण अधिक हैं। व्यक्ति और लेखक में कोई अन्तर ही नहीं दिखाया गया है और न दोनों में कोई सम्बन्ध प्रदर्शित हुआ है। विष्णु प्रभाकर की यह कृति ऐसे दोषों से मुक्त है। शरत्चन्द्र और विष्णु प्रभाकर में सम्बन्ध की इतनी दूरी है कि जीवनी-लेखन के लिए वांछित तटस्थता का निर्वाह स्वत: हो गया है। 'आवारा' कोई अच्छा विशेषण नहीं है। इसके अतिरिक्त ग्रन्थ के भीतर बार-बार उन्हें मदिरा सेवी, पतिताओं के सम्पर्क में रहने वाला और अनुत्तरदायित्वपूर्ण कहा गया है। लेकिन ये बातें एक बार भी तो पाठक को बुरी नहीं लगतीं, क्योंकि वे चरम सत्य के भीतर से प्रकट हुई हैं और पूरी आत्मीयता के साथ कही गयी हैं।

इस जीवनी में श्री विष्णु प्रभाकर ने कुछ ऐसे व्यक्तियों, स्थानों और घटनाओं की चर्चा की है जो उनके प्रसिद्ध उपन्यासों जैसे *चरित्रहीन*, *श्रीकान्त*, *पथ के दावेदार*, *शेष प्रश्न*, *गृहदाह*, *बड़ी दीदी* और *देवदास* आदि के प्रेरणा-स्रोत रहे हैं। इससे पाठकों की तुष्टि आंशिक रूप में होगी।

रवीन्द्रनाथ और शरत्चन्द्र के सम्बन्धों के विषय में लिखते हुए लेखक ने शरत् बाबू का कहीं भी पक्ष नहीं लिया। शरत् प्रारम्भ से ही रवीन्द्रनाथ के प्रशंसक थे। वे बर्मा के प्रवास-काल में उनकी कृतियों को अपने पास रखते थे और उनकी अनेक कविताएँ उन्हें कण्ठस्थ थीं। वे उन्हें गुरुवत मानते थे। रवीन्द्रनाथ ने पहली कहानी के साथ ही उनकी प्रतिभा को पहचान लिया था और ऐसी आकांक्षा प्रकट की थी कि वे निरन्तर लिखते रहें। उनका विश्वास था कि उनके न लिखने से बांग्ला साहित्य को हानि होगी। शरत् के कलकत्ता लौट आने पर अनेक बार दोनों की भेंट हुई। रवीन्द्रनाथ ने उन्हें आशीर्वाद दिया। उनके बँगले पर वे आये और एकाध बार उनके अभिनन्दन में सम्मिलित हुए और लिखित रूप में उनकी प्रशंसा भी की। शरत् की निरन्तर प्रसिद्धि के साथ, यह स्थिति थोड़ी बदली। दोनों के प्रशंसक अलग-अलग ग्रुप में खड़े हुए और उन्होंने दोनों के कान भरने प्रारम्भ किये। बड़े आदमी कान के प्राय: कच्चे होते हैं। दोनों के मुँह से अनायास कुछ निकला, कुप्रचारित हुआ और दूरी का एक सिलसिला आरम्भ हुआ। शरत् प्राय: कहा करते थे, ''एक रवीन्द्रनाथ को छोड़ कर मुझसे अच्छा और कोई नहीं लिख सकता।''

रवीन्द्रनाथ ने कहा, "साहित्य में कौन छोटा है, कौन बड़ा, इसकी चिन्ता मुझे नहीं। यदि शरत् कथा-साहित्य में मुझसे श्रेष्ठ हैं, तो मैं काव्य के क्षेत्र में उनसे बड़ा हूँ।" विशेष मतभेद राजनीतिक और धार्मिक विचारों को लेकर भी था। शरत् का *पथ के दावेदार* उपन्यास जब ज़ब्त हुआ तो बंगाल में एक हलचल-सी मच गयी, लेकिन रवीन्द्रनाथ ने इसे सरकार का हल्का अनुग्रह ही माना। रवि बाबू ब्रह्मसमाजी थे और जैसा कि *गृहदाह* से सिद्ध होता है, शरत् ब्रह्म-समाज के कटु आलोचक। सबसे बड़ा अन्तर तो सामाजिक स्थिति और मूल स्वभाव का था। रवीन्द्रनाथ आभिजात्य की गरिमा से मण्डित थे और शरत् सड़क के एक आदमी—अति सामान्य व्यक्तियों में से ही एक। एक समय ऐसी अफ़वाह उड़ी कि शरत् को नोबेल पुरस्कार मिलने वाला है। वे उसके आकांक्षी थे और चाहते थे कि रवीन्द्रनाथ उनकी सहायता करें। लेकिन रवि बाबू ने उनके नाम की संस्तुति नहीं की। विष्णु प्रभाकर ने दोनों महान लेखकों के पूर्वाग्रहों का चित्रण निष्पक्ष भाव से किया है। इस दिशा में शरत् की तुनकमिज़ाजी और व्यंग्य करने की वृत्ति को भी उन्होंने नहीं छिपाया है। शरत् की यह भी कामना थी कि श्री अरविन्द उनकी रचनाओं को पढ़ें—विशेष रूप से *शेष प्रश्न* को और उनके सेक्रेट्री दिलीपकुमार राय के माध्यम से यह प्रयत्न उन्होंने अनेक बार किया। अतः महान पुरुषों से प्रशंसा प्राप्त करने की दुर्बलता उनके स्वभाव में भी थी, जो बीच-बीच में उभर आती थी।

यह भ्रम भी व्यापक रूप से प्रचलित है कि शरत्चन्द्र अविवाहित थे और जो महिला कलकत्ते के बँगले में उनके साथ रहती थी, वे वही थीं जो उनके *श्रीकान्त* उपन्यास में 'राजलक्ष्मी' के नाम से प्रसिद्ध हैं। लोग बार-बार उन्हें देखने आते थे और जानना चाहते थे कि वास्तविकता क्या है। लेखक ने इस सन्देह को सदैव के लिए मिटा दिया है। बर्मा में ही शरत् के दो विवाह हुए थे। पहली पत्नी एक मिस्त्री की लड़की थी। नाम था शान्ति। उसका पिता नशेबाज़ था और पैसे के लोभ में एक बुड्ढे से उसका विवाह करना चाहता था। शरत् ने उस युवती का उद्धार किया। दो वर्ष बाद प्लेग में शान्ति की मृत्यु हो गयी। दूसरा विवाह एक वैष्णव की पुत्री से हुआ—पहले शैव रीति से फिर विधिवत्। नाम था 'मोक्षदा'। उसे वर नहीं मिल पा रहा था।

शरत् ने बहुत प्रयत्न किया और असफल होने पर अनिच्छा से उन्हें स्वीकार किया। वे न सुन्दरी थीं, न शिक्षिता; लेकिन अत्यन्त सरल, सेवा-परायणा और धार्मिक स्वभाव की थीं। उनका नाम बदल कर रखा गया हिरण्यमयी देवी। अपनी वसीयत में इन्हीं के नाम उन्होंने अपनी सारी सम्पत्ति की। शरत् सभा, सोसायटी में उन्हें अपने साथ कहीं नहीं ले जाते थे। कोई आग्रह करता, तो बिगड़ उठते थे। उनका कोई चित्र भी नहीं पाया जाता। शरत् की मृत्यु के बाद वे बाईस वर्ष तक जीवित रहीं।

शरत् के जीवन की सबसे रहस्यमय घटना उनके प्रेम-प्रसंग से सम्बन्धित है।

शरत्चन्द्र के बचपन में धीरू नाम की एक सहपाठिनी थी, उसके बिछुड़ने पर उन्हें बड़ी पीड़ा हुई। उसी प्रकार राजू नाम का उनका एक मित्र था। यह भी एक दिन अचानक कहीं अदृश्य हो गया और फिर कभी नहीं लौटा। इन दोनों को शरत् कभी विस्मरण नहीं कर पाये। लेकिन बड़े होने पर वे अपने एक मित्र की बहन के सम्पर्क में आये। वह सोलह वर्ष की अवस्था में अचानक विधवा हो गयी थी। शरत् उसके प्रति वेग से आकर्षित हुए, उसे लिखने के लिए प्रेरित किया और आगे चलकर एक उपन्यास लेखिका के रूप में उसकी ख्याति भी हुई। लेकिन दोनों का विवाह नहीं हो सका। शरत् के भाव का प्रतिदान वे नहीं दे पायीं। शरत् ने उनकी चर्चा और प्रशंसा एकाध पत्र में की है। बातचीत और व्यवहार में भी उनके प्रति उत्साह प्रकट किया, लेकिन न तो किसी से मौखिक रूप में और न अपने साहित्य में कभी यह स्वीकार किया कि वे उनके प्रेम में आबद्ध थे। उस युवती ने अपनी एक सहेली से अवश्य एक बार कहा था कि शरत् दा की यह दशा उसके कारण हुई। लेकिन इससे यह सिद्ध नहीं होता कि वे उन्हें प्रेम करती थीं। शरत् ने अपने सम्पूर्ण जीवन में कहीं भी किसी विधवा का विवाह नहीं कराया। यह कम आश्चर्यजनक बात नहीं है। इससे उन पर रूढ़िवादी होने का सन्देह किया जा सकता है, जो वे नहीं थे। उनकी नायिकाएँ अनन्त प्रेममयी होने पर भी, स्वभाव से कुछ कठोर हैं। उनका प्रेम अगाध और अतिशय कोमल होने पर भी केवल मानसिक स्तर पर रहता है। शारीरिकता उसमें प्रवेश नहीं कर पाती।

इस प्रकार के अनुराग का एक विलक्षण रस है, जो शरत् के कथा-साहित्य का मूल आकर्षण है। श्री विष्णु प्रभाकर ने यद्यपि शरत् की और भी एकाध अनुरक्ति का, जैसे मुजफ़्फ़रपुर की सुन्दरी राजबाला के प्रति, उल्लेख किया है, पर उनकी मुख्य प्रेमिका इसी विधवा स्त्री को माना है और उसके नाम के साथ शरत्चन्द्र के नाम को सदैव के लिए जोड़ दिया है। इससे शरत् के जीवन और साहित्य के समस्त सूत्र संग्रहित हो जाते हैं। यों वे बचपन से ही कुछ विलक्षण स्वभाव के थे। लेकिन हो सकता है कि हृदय पर इस गहरे आघात के कारण ही वे मारे-मारे फिरे हों, यहाँ-वहाँ पतिताओं के बीच उस अभाव को भरने की बात सोचते रहे हों, अपनी गहन वेदना को भुलाने के लिए नशे में डूबे रहे हों तथा सारी बुराइयों में फँसे रहने पर भी अन्तर्मुखी स्वभाव के हो उठे हों। दूसरी ओर यह भी सम्भव है कि पशु-पक्षियों के प्रति उनका प्रेम, दीनों के प्रति वरदानी करुणा और साहित्य में अश्लीलता से मुँह मोड़ कर उदात्त भाव की अभिव्यक्ति केवल इसी कारण से हों। इस तथ्य को जानकर ही उनका यह कहना कि सच्चा प्रेम मिलाता ही नहीं, दूर भी करता है, एक गम्भीर अर्थ ग्रहण करता है। मूल घटना से परिचित होकर ही, हम शरत् की ऐसी उद्घोषणाओं के मर्म को, जिनमें कहा गया है कि सतीत्व ही नारीत्व नहीं, कि नारीत्व सतीत्व से बड़ा है, कि नारीत्व की उपलब्धि ही नारी के जीवन की सार्थकता है, ठीक से समझ सकते हैं।

लेखक ने एक ओर शरत्चन्द्र के उस रूप का खुलकर वर्णन किया है, जो समाज की प्रचलित मान्यताओं की चिन्ता न कर उन्मुक्त भाव से विचरण करता है, वर्जित स्थानों पर खुल कर जाता है, निषिद्ध कर्म करता है, दूसरी ओर उसके मन को बैरागी का मन कहा है। ऐसे जटिल स्वभाव के व्यक्ति की जीवनी लिखना कितना कठिन काम है, यह साहित्य का प्रत्येक प्रेमी और पाठक जानता है। लेकिन *आवारा मसीहा* इस बात का प्रमाण रहेगा कि श्री विष्णु प्रभाकर ने अपने कठिन उत्तरदायित्व का निर्वाह अत्यन्त योग्यतापूर्वक किया है। हमारा विश्वास है कि यह रचना भविष्य में उन्हें प्रतिष्ठा प्रदान करेगी और साहित्य के क्षेत्र में उनके नाम को जीवित रखेगी।

प्रतिभा और धैर्य का दस्तावेज़

राजकुमार सैनी[*]

गोर्की ने कहा था कि महान् कलाकारों में यथार्थवाद और स्वच्छंदतावाद का सम्मिश्रण होता है। शरत्चन्द्र ऐसे ही महान कथाकारों में थे जिनके कथा-साहित्य में स्वच्छंदतावादी और यथार्थवादी प्रवृत्तियों का अद्भुत सामंजस्य था। *चरित्रहीन, श्रीकान्त, देवदास, विराजबहू, पथ के दावेदार, शेष प्रश्न* आदि उनकी सभी महत्त्वपूर्ण कथा-कृतियों में यह सामंजस्य अपने उत्कर्ष पर है। हिन्दी के महत्त्वपूर्ण आलोचक आचार्य रामचंद्र शुक्ल ने श्रेष्ठ साहित्य में 'विरुद्धों का सामंजस्य' का उल्लेख किया था। शरत् के साहित्य में भी विरुद्धों का सामंजस्य है। अभिजात-रुचियों से लेकर क्रान्तिकारी रुचियों तक की अभिव्यक्ति शरत् के उपन्यासों में सुलभ है। शरत् भारतीय साहित्य के अन्तिम महान् स्वच्छंदतावादी (The last great romantic) और पहले महान यथार्थवादी (The first great realist) रचनाकारों में अग्रगण्य थे।

ऐसे महत्त्वपूर्ण लेखक की जीवनी *आवारा मसीहा* लिख कर विष्णु प्रभाकर ने भारतीय पाठकों के हृदय में एक स्थान बना लिया है। यह जीवनी विष्णु प्रभाकर के कई वर्षों के भ्रमण, अध्ययन, सामग्री-संकलन और कलात्मक लेखन का एक सार्थक फल है। उपन्यास की तरह रोचक इस जीवनी को कुछ लोगों ने 'जीवनी-पर उपन्यास' की भी संज्ञा दी है। मेरी राय में यह एक उपन्यास-परक जीवनी है, जीवनी-परक उपन्यास नहीं। कारण स्पष्ट है और वह यह कि इसमें औपन्यासिकता तो है लेकिन उपन्यास जैसी संरचना

---

[*]अस्सी के दशक में समीक्षा-आलोचना के क्षेत्र में जिन लोगों ने सक्रिय हस्तक्षेप किया था, उनमें राजकुमार सैनी प्रमुख रहे। इनकी अनेक पुस्तकें प्रकाशित हो चुकी हैं।

नहीं है। जीवनी में जो तटस्थता अपेक्षित है वह यहाँ है तथापि कम मात्रा में, शायद इसलिए यह कृति उपन्यास का आभास देती है।

हिन्दी का जीवनी-साहित्य लगभग विपन्न है। ले-दे कर तीन महत्त्वपूर्ण जीवनियाँ हैं—1. डॉ. रामविलास शर्मा कृत *निराला की साहित्य साधना* (खंड-1), 2. श्री अमृतराय कृत *कलम का सिपाही*, (यह प्रेमचंद की जीवन-गाथा है) और 3. श्री विष्णु प्रभाकर कृत *आवारा मसीहा*। *निराला की साहित्य साधना* तीन खंडों में समाहित एक ऐसा विपुल प्रयास है जिसका दूसरा उदाहरण शायद विश्व-साहित्य में भी सुलभ नहीं है। पहले खंड में निराला का जीवन-चरित है, दूसरे में उनके साहित्य का मूल्यांकन और तीसरे खंड में निराला द्वारा लिखे गए तथा निराला के नाम लिखे गए पत्रों का संकलन है। तीसरे खंड की भूमिका में भी निराला की जीवनी संबंधी मार्मिक संदर्भ ध्वनित होते हैं। विभिन्न पत्रों में भी ऐसी सामग्री मिलती है जो निराला के जीवन के विविध पक्षों पर प्रभाव डालती है। इस प्रकार *निराला की साहित्य साधना* का प्रथम खंड तो जीवनी है ही, तीसरा खंड भी जीवनी से संबंधित है। इसके अतिरिक्त यदि निराला जैसे रचनाकार के बारे में यह कहा जाए कि उनका कृतित्व उनके व्यक्तित्व का ही कलात्मक रूपांतरण एवं गुणांतरण था तो *निराला की साहित्य साधना* के तीनों खंड उनकी एक संपूर्ण और समग्र जीवन का आभास देते हैं।

अमृतराय द्वारा रचित *कलम का सिपाही* हिन्दी के उपन्यास-सम्राट प्रेमचंद के जीवन की एक महाकाव्यात्मक गाथा है। प्रेमचंद की जीवनचर्या के प्रति जब तक जिज्ञासा बनी रहेगी तब तक *कलम का सिपाही* जैसी श्रेष्ठ जीवनी की भी प्रासंगिकता बनी रहेगी। विश्व साहित्य में वैन गॉग की जीवनी के लेखक इर्विंग स्टोन की कृति *लस्ट .फॉर लाइफ* का जो स्थान है, हिन्दी साहित्य में लगभग वही स्थान इन तीनों जीवनियों का है।

श्री विष्णु प्रभाकर की *आवारा मसीहा* हिन्दी के जीवनी-साहित्य की तीसरी महत्त्वपूर्ण कृति है। इस कृति की एक अलग ढंग की विशेषता इस तथ्य में निहित है कि दोनों अन्य जीवनियाँ हिन्दी के लेखकों के बारे में हिन्दी लेखकों द्वारा ही लिखी गयी हैं, जबकि *आवारा मसीहा* हिन्दीतर भाषा के

लेखक पर एक हिन्दी लेखक द्वारा लिखी गयी जीवनी है। भारतीय भाषाओं के बीच आदान-प्रदान की यह सर्वाधिक ज्वलन्त मिसाल है जिसका राष्ट्रीय भाषाई-एकता की दृष्टि से विशिष्ट महत्त्व है। हिन्दी भारत की राष्ट्रभाषा और सम्पर्क भाषा होने की अधिकारिणी है लेकिन अपने इस अधिकार को प्राप्त करने के लिए वह पिछले चार दशकों से संघर्षरत है। हर अधिकार के साथ कोई-न-कोई दायित्व भी जुड़ा होता है। ऐसी भाषा का कोई लेखक यदि अन्य भारतीय भाषा के बड़े लेखक की प्रामाणिक जीवनी लिखता है तो वह हिन्दी भाषियों के एक महत्त्वपूर्ण दायित्व की पूर्ति करता है, क्योंकि हिन्दी के सम्पर्क-भाषा होने के अधिकार के साथ एक दायित्व भी जुड़ा है। किसी भी देश की सम्पर्क-भाषा में उस देश की अन्य भाषाओं के बड़े लेखकों की जीवनी और उनके साहित्य का सुलभ होना उसी दायित्व का एक महत्त्वपूर्ण पक्ष है। राष्ट्रभाषा और सम्पर्क-भाषा हिन्दी के प्रतिष्ठित लेखक विष्णु प्रभाकर ने हिन्दी भाषियों की ओर से इस दायित्व की पूर्ति करने की दिशा में एक उल्लेखनीय पहल की है। इस पहल-कदमी की दिशा में और अधिक बल्कि अधिकाधिक प्रयास किये जाने अपेक्षित हैं। हिन्दी के अन्य लेखकों को इस ओर ध्यान देना चाहिए। तमिल, तेलुगु, कन्नड़, उड़िया तथा बांग्ला आदि भाषाओं के बड़े लेखकों की जीवनियाँ हिन्दी में सुलभ होनी चाहिए। इस दृष्टि से विचार करें तो यह स्पष्ट हो जाता है कि बांग्ला भाषा के महान् कथा-शिल्पी की जीवनी लिखकर विष्णु प्रभाकर ने एक महत्त्वपूर्ण कार्य किया है। फिर यह जीवन-गाथा एक ऐसे व्यक्ति ने लिखी है जो स्वयं हिन्दी भाषा का एक प्रसिद्ध कथा-शिल्पी है। 'सोने में सुहागे' की कथनी यहाँ सार्थकता के साथ चरितार्थ होती है। *आवारा मसीहा* को मात्र जीवनी कहकर दरकिनार नहीं किया जा सकता। यह उपन्यास-परक जीवनी है, अर्थात् यह एक सर्जनात्मक प्रयास भी है, मात्र तथ्यपरक सूचनाओं का संकलन और घटनाओं का यंत्रवत् विवरण नहीं। इस दृष्टि से कुछ उद्धरण प्रस्तुत करना अप्रासंगिक न होगा—

''बाग में पहुँचकर पेड़ों के पास घूमते-घूमते वह मानो मन-ही-मन उनसे विदा लेने लगा। शायद वह सोच रहा था कि अब वापस आना हो या न हो। फिर जैसा कि उसका स्वभाव था, सहसा कूदकर वह एक पेड़ की

डाल पर बैठ गया और बातें करने लगा। इन बातों का कोई अन्त नहीं था। कोई सूत्र भी नहीं था। विदा के दुःख को छिपाने के लिए मानो वह कुछ-न-कुछ कहते रहना चाहता था। बोला, 'तू दुःखी न हो, हम फिर मिलेंगे और बीच-बीच में तो मैं आता ही रहूँगा।' ''   (आवारा मसीहा)

उपर्युक्त प्रसंग शरत् के बचपन का है। प्रसंग को पढ़कर लगता है जैसे कोई उपन्यास अपने कथा-चक्र को उद्घाटित कर रहा है। यह प्रसंग शरत् के देवदास और श्रीकान्त जैसे नायकों के बचपन की अनायास याद दिला देता है। एक और प्रसंग जिसमें विष्णु प्रभाकर शरत् के व्यक्तित्व पर मूल्यांकन-परक टिप्पणी करते दिखाई देते हैं—

''कुछ होने के लिए हिया चाहिए। वह हिया शरत् के पास भी था। उसने जीवन में बहुत दुःख भोगा था, बहुत-सा पाप भी किया था, पर उससे ऊपर उठकर उसे अभिज्ञता में रूपान्तरित करने की प्राणशक्ति भी उसमें थी। क्योंकि वह मात्र भोक्ता नहीं था, द्रष्टा भी था, इसलिए अन्ततः साहित्य की मंज़िल ने उसे खोज लिया...''   (आवारा मसीहा)

अपने जीवन को स्वयं शरत् भी एक उपन्यास के रूप में ही देखते थे। उन्होंने कहा था—

''मेरा जीवन अन्ततः मानो एक उपन्यास ही है। इस उपन्यास में सब कुछ किया, पर छोटा काम कभी नहीं किया...''   (आवारा मसीहा)

आवारा मसीहा शीर्षक जीवनी में औपन्यासिकता के साथ-साथ शरत् के कृतित्व के बारे में भी विष्णु प्रभाकर टिप्पणियाँ करते हैं, जिनसे समालोचना का भी आभास मिलता है। व्यक्ति पर की गयी टिप्पणी का उदाहरण दिया जा चुका है। कृतित्व सम्बन्धी टिप्पणी का उदाहरण देखें—

''वस्तुतः *पथेर दावी* का महत्त्व कला या चरित्र सृष्टि के संयम में उतना नहीं है जितना राजनीतिक जीवन के एक अछूते पहलू को सजीव रूप में प्रस्तुत करने की चेष्टा में है। चेष्टा प्रायः ही सायास होती है। यह सायासता ही दुर्बलता है। किन्तु फिर भी अपनी समस्त दुर्बलताओं के बीच में *पथेर दावी* के सव्यसाची का निर्मल चरित्र भारत के जन-मन को सदा आकर्षित और प्रभावित करता रहेगा।''   (आवारा मसीहा)

सायासता सम्बन्धी विवाद में हम पड़ना नहीं चाहते। विष्णु जी के इस तर्क से सहमत होना कठिन है। यहाँ प्रश्न उठता है कि क्या कोई रचना सायास होने से ही दुर्बल हो जाती है। क्या *रामचरितमानस* या *सूर सागर* भी अनायास ही लिखे गये? क्या मिल्टन का *पैराडाइज़ लॉस्ट* या टॉल्सटॉय का *वार एंड पीस* अनायास रचनाएँ हैं? क्या दॉस्तोवस्की का *क्राइम एंड पनिशमेंट* सायास होने से दुर्बल उपन्यास हो जाता है? रचना में 'अनायास' और 'सायास' दोनों का आनुपातिक महत्त्व होता है। एक को दूसरे के विरुद्ध खड़ा नहीं किया जा सकता।

श्री मैथिलीशरण गुप्त ने *साकेत* के प्रारम्भ में लिखा था—राम तुम्हारा चरित स्वयं ही काव्य है, कोई कवि बन जाए, सहज सम्भाव्य है। शरत् के बारे में भी कहा जा सकता है कि शरत् का जीवन-चरित स्वयं ही उपन्यास है। लेकिन शरत् का जीवनीकार होना सहज-सम्भाव्य नहीं था। नाना प्रकार की 'दन्तकथाओं', 'किंवदंतियों', किस्सों, अपवादों और विवादों के घटाटोप में प्रच्छन्न और आच्छादित शरत्चन्द्र की प्रामाणिक जीवनी लिखना एक टेढ़ी खीर पकाना था। फिर स्वयं शरत् कभी किसी अपवाद या विवाद के बारे में मुँह नहीं खोलते थे। चुप्पी साधे बातों का मज़ा लेते थे। उन्होंने कहा भी था—

''मुझे लोग मेरी रचनाओं में खोजते हैं। कोई कहता है, मैं कट्टर हिन्दू हूँ, कोई कहता है, नास्तिक हूँ। कोई कहता है *चरित्रहीन* मेरी ही कहानी है, कोई मानता है कि *श्रीकान्त* मेरी आत्मकथा है। मुझे लेकर यह सब वितंडावाद चलता है और मैं दूर खड़ा हँसता हूँ।''   (*आवारा मसीहा*)

ऐसे वितंडावाद से घिरे शरत् की प्रामाणिक जीवनी लिखना एक चुनौती कार्य था। विष्णु प्रभाकर ने इस चुनौती को स्वीकार किया। *आवारा मसीहा* एक हिन्दी लेखक के साहस, परिश्रम, लगन, प्रतिभा और धैर्य का दस्तावेज़ है। यह हिन्दी भाषियों और बांग्ला भाषियों के परस्पर अटूट रिश्ते की एक जीती-जागती मिसाल है और सभी भारतीय पाठकों के लिए एक पठनीय पुस्तक है। श्रीमती देवलीना केजरीवाल ने इसका बांग्ला में अनुवाद किया, इसके लिए वह साधुवाद की पात्र हैं।

एक आवारा के मसीहा बनने की कथा

विज्ञान भूषण[*]

किसी ऐसी साहित्यिक कृति की समीक्षा लिखना वास्तव में बहुत कठिन होता है, जो वर्षों से पाठक वर्ग और साहित्य जगत में प्रतिष्ठित हो। ऐसी ही एक विलक्षण कृति है—*आवारा मसीहा*। बांग्ला साहित्य के कालजयी रचनाकार शरत्चन्द्र चटर्जी की जीवन गाथा को जिस समर्पण और परिश्रम के साथ हिन्दी के मूर्धन्य साहित्यकार विष्णु प्रभाकर ने लिखा, वह अपने किस्म की अनोखी कृति बन गयी। वैसे तो इस दुनिया में मौजूद हर शख्स की जीवन गाथा में तमाम कहानियाँ मौजूद होती हैं लेकिन किसी ऐसे रचनाकार के जीवन के प्रति साहित्य प्रेमियों में विशेष रुचि होती है जो जीवन, रिश्तों और समाज में रहते हुए उन्हें नयी दृष्टि से परिभाषित करता है। दरअसल, पाठक की उत्सुकता इस बात को लेकर होती है कि जिस लेखक ने अपनी रचनाओं में संवेदनाओं की बारीक बुनावट को इतनी गहनता से विश्लेषित किया, उसका खुद का जीवन कैसा था? अपने रिश्तों को उसने कितनी ईमानदारी से निभाया? जीवन के प्रति उसका दृष्टिकोण कैसा था? मानवीय जीवन के तमाम श्याम-श्वेत पक्षों को उजागर करने वाले ने खुद अपने जीवन के श्याम-श्वेत पक्षों का सामना कैसे किया? और जब वो रचनाकार *देवदास*, *चरित्रहीन*, *विराज बहू*, *श्रीकान्त* और *परिणीता* जैसी क्लासिक लिखने वाला हो तो उसके जीवन के प्रति पाठकों की उत्सुकता और भी बढ़ना स्वाभाविक ही है। हालाँकि शरत् स्वयं अपने जीवन को लेकर कितने अनासक्त और बेपरवाह थे इसके कई उदाहरण उनकी इस जीवनी में देख सकते हैं। एक बार जब गुरुदेव रवीन्द्रनाथ टैगोर ने उनसे अपनी आत्मकथा लिखने को कहा तब उन्होंने जवाब दिया

---

[*]पत्रकार और कवि विज्ञान भूषण की अनेक किताबें प्रकाशित हुई हैं।

था, ''गुरुदेव, यदि मैं जानता कि मैं इतना बड़ा आदमी बनूँगा तो मैं किसी और तरह का जीवन जीता। मैं आत्मकथा नहीं लिख सकता क्योंकि न तो मैं इतना सत्यवादी हूँ और न इतना बहादुर, जितना एक आत्मकथा लेखक को होना चाहिए।'' इससे यह भी लगता है कि अगर कहीं विष्णु प्रभाकर शरत् के समकालीन होते तो वे विष्णु जी को अपनी जीवनी शायद लिखने की अनुमति न देते।

बहरहाल, *आवारा मसीहा* लिखने के निर्णय से लेकर उसे अन्तिम रूप देने तक की लगभग डेढ़ दशक की विष्णु प्रभाकर की यात्रा भी किसी रोचक रचना की सामग्री से कम नहीं रही। इस श्रमसाध्य कार्य को एक चुनौती के रूप में लेकर उसे सफलतापूर्वक पूरा कर प्रभाकर जी ने एक मिसाल कायम की। इसके बारे में अपने अनुभवों को उन्होंने पुस्तक के 1999 में प्रकाशित हुए संस्करण की भूमिका में कुछ इस तरह लिखा है, 'शरत् बाबू का जीवन इतना उलझा हुआ, इतना विश्रृंखल है कि उसके तारतम्य को बैठाना, उसको ठीक करना बड़ा दुष्कर कार्य है। कौन-सी घटना कब, कैसे घटी, वे कब कहाँ रहे, कौन-सा भाषण कब दिया, इसका ठीक-ठीक लेखा-जोखा कहीं नहीं है। जो है वो एकदम विश्रृंखल है। उनकी तलाश में मुझे वर्षों यहाँ-वहाँ भटकना पड़ा। ज्योतिषियों की शरण ली, विश्वविद्यालयों के कैलेंडर देखे, स्कूल-कॉलेज के रजिस्टर टटोले, पुरानी पत्रिकाएँ ढूँढ़ीं, तब कुछ रूप दे सका।

यह पुस्तक इस बात को भी प्रमाणित करती है कि अगर लेखक अपनी रचना की आत्मा से जुड़ जाता है तो वह उसे केवल कलम से कागज़ पर नहीं उतारता, उसके साथ अपने हृदय के स्पंदन को भी सम्बद्ध कर देता है। जिस लेखक को प्रभाकर जी ने कभी देखा नहीं, जिससे वह कभी मिले नहीं, उसकी जीवन गाथा को इतनी प्रामाणिकता से लिख लेना, अपने आप में विलक्षण उपलब्धि है। कहने की ज़रूरत नहीं कि यह केवल विष्णु जी की शरत् बाबू के प्रति गहन आस्था की वजह से ही सम्भव हो सका। प्रख्यात आलोचक मैनेजर पाण्डेय का कहना है, ''हिन्दी में जीवनी लेखन की स्थिति सन्तोषजनक नहीं है। कुछ लेखकों की ऐसी जीवनियाँ ज़रूर लिखी गयी हैं जो महत्त्वपूर्ण भी हैं और चर्चित भी हैं। इनमें प्रेमचंद, निराला, भारतेन्दु हरिश्चन्द्र, नन्द दुलारे बाजपेई और शरत्चन्द्र चटर्जी की जीवनियाँ शामिल हैं।''

हम लोग अक्सर इस बात को लेकर चिन्ता जताते हैं कि अब क्यों नहीं कोई कालजयी रचना हमारे सामने आती ? लेकिन हमें यह नहीं भूलना चाहिए कि ऐसी किसी रचना के लिए उसके रचनाकार को भी अपना जीवन, सम्पूर्ण चेतना और सृजन ऊर्जा को भी आहूत करना होता है। पुस्तक के पहले संस्करण की भूमिका में प्रभाकर जी ने लिखा है, 'सन् 1959 से मैंने अपनी यात्रा प्रारम्भ की थी और अब 1973 है। 14 वर्ष लगे मुझे *आवारा मसीहा* लिखने में।' क्या इतना धैर्य, इतना समर्पण, इतनी उत्कंठा आज के दौड़ते-भागते समय में किसी लेखक के भीतर सम्भव है, शायद नहीं। यही वजह है कि *आवारा मसीहा* जैसी रचना और विष्णु प्रभाकर जैसा लेखक होना दुर्लभ है।

शरत् बाबू की इस जीवन गाथा *आवारा मसीहा* को प्रभाकर जी ने तीन भागों दिशाहारा, दिशा की खोज और दिशान्त में विभाजित किया है। यह विभाजन केवल शरत् बाबू की वय से ही नहीं जुड़ा है बल्कि उनके जीवन की बदलती दशाओं और उसके अनुसार बदलने वाली उनकी वैचारिक पृष्ठभूमि को भी पृथक करता है। पुस्तक के प्रथम पर्व दिशाहारा में शरत् के जीवन की वो आरम्भिक घटनाएँ शामिल हैं, जो उनके रंगून प्रवास जाने से पूर्व तक घटित हुईं। उन्होंने अपने केवल 26 वर्ष तक के जीवन में ही इतना कड़ा संघर्ष झेला था और तमाम तरह की चुनौतियों का सामना किया। जो किसी भी सामान्य व्यक्ति को तोड़ कर रख सकता था लेकिन यह उनकी अप्रतिम रचनात्मक ऊर्जा ही थी, जिसने उन्हें न ही जीवन से पलायन करने दिया और न ही हताश होने दिया। पहले पिता का घर से पलायन फिर माँ का विछोह। फिर छोटे भाई-बहनों की ज़िम्मेदारी और फिर नीरदा या निरुपमा के रूप में प्रेमिका का मिलना और उसका विछोह। वह निरन्तर जीवन की दुश्वारियों को झेलते रहे। इसी दौरान उन्होंने लेखन शुरू कर दिया था। इस बारे में विष्णु जी ने लिखा है, 'प्रेम में असफल होकर भी शरत् न तो आत्महत्या कर सका और न संन्यासी ही बन सका लेकिन सृष्टा बनने का मार्ग उसे निश्चय ही मिल गया। इस मार्मिक अनुभूति ने साहित्य में प्रतिबिम्बित होने का मार्ग पा लिया। नीरदा या निरुपमा से मिलन उसके व्यक्तिगत तृप्ति का कारण हो सकता था लेकिन उसके विछोह ने एक शक्तिशाली कलाकार को जन्म दिया। विरह

बोध ही जीवन और यौवन का आवेग है। बुद्धि उसकी थाह नहीं पा सकती। हृदय से ही इसका स्वरूप जाना जा सकता है।'

शरत् की जीवनी के दूसरे पर्व में विष्णु जी ने उनके रंगून प्रवास के तेरह वर्षों का वर्णन किया है। इस दौरान भी शरत् लगातार अपने बाहरी और भीतरी द्वंद्व के बीच उलझे रहे। इस बीच उनके जीवन में काफ़ी कुछ नया घटित हुआ। कुछ नये मित्रों का उन्हें साथ मिला। उन्होंने कुछ उपन्यास लिखे और उनके भीतर के कथाकार का पुनर्जन्म हुआ। वे कथाकार के रूप में प्रतिष्ठित हुए, लेकिन इसी दौरान उन्हें एक बार फिर बड़ा दुःख सहना पड़ा। उनकी पत्नी शान्ति की असामयिक मृत्यु प्लेग की वजह से हो गयी। लेकिन इन तेरह वर्षों के दरम्यान उन्हें अपने भीतर की लेखन क्षमता पर यकीन हो गया और वे भारत लौट आये। यानी उन्हें अपने जीवन की दिशा अब मिल चुकी थी।

रंगून से वापस हिन्दुस्तान लौटकर उनके लेखन का स्वर्ण युग आरम्भ हुआ। हालाँकि वहाँ बीते जीवन की अनुभूतियाँ अब भी उनके मन में मौजूद थीं जो *श्रीकान्त* और *चरित्रहीन* जैसे उपन्यासों में दिखती हैं। जीवन गाथा के अन्तिम पर्व दिशान्त में उनके जीवन का उत्तरार्ध संजोया गया है। रंगून से भारत, कोलकाता लौटने पर वह काफ़ी लोकप्रिय लेखक बन चुके थे, लेकिन न उनके व्यक्तित्व में और न ही उनके व्यवहार में कोई बदलाव आया था। साधारणता ही उनका वास्तविक परिचय और विशेषता थी। जिसे उन्होंने जीवनपर्यन्त अपने से अलग नहीं होने दिया। कलकत्ता आने पर नाटककार द्विजेन्द्रनाथ रॉय के पुत्र दिलीप कुमार की उनसे पहली मुलाकात का ज़िक्र विष्णु जी ने बहुत रोचक अन्दाज़ में किया है—गुरुदास लाइब्रेरी में ऊपर के तल्ले पर एक छोटे से कमरे में उन्होंने पहली बार शरत् बाबू को देखा। उनके चारों ओर पुस्तकें बिखरी हुई थीं। बीच में वे बैठे थे। श्याम वर्ण, बकरे जैसी दाढ़ी, क्षीणकाय, केवल दो आँखें कैसी तीक्ष्ण हैं। कैसी तीक्ष्ण है नाक, पर चेहरे पर तेज तो ज़रा भी नहीं है। अत्यन्त गद्यमय वेश! दिलीप कुमार का उत्फुल्ल हृदय जैसे एक पल को बुझ-सा गया हो। फिर भी प्रणाम करने के लिए उनके पैरों की धूलि ली और कुछ घबराकर कहा—आप...? शरत् बाबू हँसे, बोले—हाँ मैं शरत्चन्द्र ही हूँ। मुझे देखकर तुम्हें दुःख हुआ। सोचा होगा कि मेरा चेहरा राज पुत्र के समान होगा, है ना, यही सोचा था...?

इसी खंड में कई ऐसे प्रसंगों का ज़िक्र विष्णु जी ने किया है जो शरत् के व्यक्तित्व में छिपे हुए बहुआयामी गुणों को सामने रखते हैं। वह सामाजिक कुरीतियों, बीमार परम्पराओं को बिलकुल स्वीकार नहीं करते थे, चाहे इसकी कितनी भी बड़ी कीमत उन्हें चुकानी पड़ी लेकिन इसके साथ ही उनकी संवेदनशीलता भी अद्भुत थी। वह जीवन भर जाति बहिष्कृत रहे, इसका उन्हें कोई मलाल नहीं रहा लेकिन अपनी भांजी की शादी में मामा होने की भूमिका की रस्म को उन्होंने निभाया। यानी रिश्तों और मानवीय मूल्यों में उनकी आस्था अटल थी।

शरत् की रचना प्रक्रिया भी असाधारण थी। उसमें सामाजिक मूल्यों और नारी अस्मिता को वे सर्वोपरि रखते थे, भले ही एक लेखक के तौर पर वह उससे सहमत न होते हों। अपने उपन्यास *अरक्षनीय* का अन्त उन्होंने जो निश्चित किया था उसे अपने प्रकाशक और कुछ सुधि पाठकों के कहने पर बदल दिया था। हालाँकि वह उस अन्त से सहमत नहीं थे लेकिन उस दौर के समाज में स्त्री की दशा को लेकर वह कोई नकारात्मक सन्देश नहीं देना चाहते थे। कहीं-न-कहीं यह शरत् की लेखन से बढ़कर समाज के सरोकारों से जुड़ी प्रतिबद्धता को प्रमाणित करता है। हालाँकि इस मुद्दे पर बहस हो सकती है कि एक लेखक के लिए लेखन और अपनी रचना के प्रति प्रतिबद्धता ज्यादा मायने रखती है या समाज के सरोकारों के प्रति।

एक जीवन में ही शरत् बाबू ने न जाने कितने जीवन जिये। लेखक होने के साथ ही वह देश के प्रति अपने दायित्वों से गहनता से जुड़े और सक्रिय भी रहे। जीवन की बेशुमार मुश्किलों का सामना करते हुए उन्होंने अपने भीतर की रचनात्मकता का साथ नहीं छोड़ा, मनुष्यता और संवेदना के पक्ष में हमेशा रहने की वजह से ही वह एक मसीहा के रूप में साहित्य जगत में हमेशा के लिए अमर हो गये। और ऐसी अमर जीवन गाथा को तैयार करने के लिए साहित्य समाज हमेशा विष्णु प्रभाकर का भी ऋणी रहेगा। पुस्तक में शरत् के जीवन से जुड़े कुछ दुर्लभ चित्र, उनके हाथ से लिखे कुछ पत्रों की छाया प्रति और उनकी अन्तिम वसीयत की प्रतिलिपि भी मौजूद है। साथ ही परिशिष्ट के रूप में उन लोगों, पुस्तकों और सन्दर्भों का भी ज़िक्र किया गया है, जो विष्णु जी के इस भगीरथप्रयास में सहयोगी रहे।

एक जीवनीकार के लिए सबसे बड़ी चुनौती यह होती है कि वह जिस व्यक्ति विशेष की जीवनी लिख रहा होता है, उसके प्रति अगर वह केवल श्रद्धा भाव रखेगा तो उसके जीवन के बहुत से ऐसे पक्ष सामने आने से रह जायेंगे, जो उसकी मनुष्यगत कमज़ोरियों को उजागर कर सकते हैं। यानी जीवनी लेखक को विवेक और ईमानदारी से अपनी कलम चलानी होती है। इस मानक पर भी विष्णु प्रभाकर पूरी तरह खरे उतरते हैं। उन्होंने शरत् बाबू के जीवन ही नहीं उनके व्यक्तित्व के सभी पक्षों को सामने लाने का प्रयास किया है। उनके भीतर की संवेदनशीलता, दूरदृष्टा, अपने जीवन के प्रति लापरवाही, कोमल हृदयता और मन में समाई करुणा को प्रभाकर जी ने सप्रमाण प्रस्तुत किया। पुस्तक की भाषा और इसका सहज शिल्प भी इसे पाठकों से जोड़े रखने में बड़ी भूमिका निभाता है। इसमें किसी कथा कहानी-सा प्रवाह लगता है, यह विष्णु जी की लेखन शैली का ही प्रभाव है। शरत् की इस जीवनी का ऐतिहासिक महत्त्व भी कम नहीं है। उन्नीसवीं सदी के भारतीय समाज, उसमें मौजूद परम्पराएँ, महिलाओं की दशा, स्वाधीनता के लिए छटपटाते भारतीय जन मानस की झलक भी इस किताब के ज़रिये मिलती है।

बात अगर शरत् की इस जीवनी के नामकरण की करें तो *आवारा मसीहा* बिलकुल सटीक लगता है। दरअसल इस जीवनी को क्रमवार पढ़ते हुए हम इस बात को साफ़ तौर पर महसूस कर सकते हैं, शरत् ने जो कुछ रचा वो तो अभूतपूर्व था ही लेकिन उन्होंने जीवन भर जो बेशुमार दुश्वारियों को सहते हुए भी अपने भीतर की मनुष्यता और रचनाकार को जिस तरह बचाये रखा वह कोई मसीहा ही कर सकता था। हालाँकि उनके जीवन के बाहरी स्वरूप और कुछ गतिविधियों को देखकर कोई भी सामान्य समझ का इन्सान उन्हें आवारा ही कहेगा। मगर उस आवारा के भीतर एक महामानव, एक मसीहा भी उपस्थित था, जिसके मन में सम्पूर्ण मानवता के लिए करुणा विद्यमान थी, यह केवल उन्हें वास्तव में जानने और समझने वाला व्यक्ति ही महसूस कर सकता है। और यह किताब उस अनुभूति को सघन करती है, इसमें सन्देह नहीं। विष्णु जी ने शरत् के बेपरवाह व्यक्तित्व और इस किताब के शीर्षक के बारे में स्वयं लिखा है, 'यह धारणा सत्य ही है कि मनुष्य शरत्चन्द्र की प्रकृति बहुत जटिल थी। साधारण बातचीत में वे अपने मन के भावों को

छिपाने का प्रयास करते थे और उनके लिए कपोल कल्पित कथाएँ गढ़ते थे। कितने अपवाद, कितने मिथ्याचार, कितने भ्रान्त विश्वास से वे घिरे रहे! इसमें उनका अपना योग भी कुछ कम नहीं था। वे पहले दर्जे के अड्डेबाज़ थे। घंटों कहानियाँ सुनाते रहते। जब कोई पूछता कि क्या यह घटना स्वयं उनके जीवन में घटी है तो कहते कि न-न गल्प कहता हूँ सब गल्प। मिथ्या, एकदम सत्य नहीं। हालाँकि शरत् की इस जीवनी के शीर्षक को लेकर विष्णु जी स्वयं कुछ दुविधा में थे। इस बारे में उन्होंने लिखा है, '*आवारा मसीहा* नाम को लेकर काफ़ी ऊहापोह मची। वे-वे अर्थ किये गये जिसकी मैंने कल्पना भी नहीं की थी। मैं तो इस नाम के माध्यम से यही बताना चाहता था कि कैसे एक आवारा लड़का अन्त में पीड़ित मानवता का मसीहा बन जाता है। आवारा और मसीहा दो शब्द हैं। दोनों में एक ही अन्तर है। आवारा मनुष्य में सब गुण होते हैं पर उसके सामने दिशा नहीं होती। जिस दिन उसे दिशा मिल जाती है उसी दिन वह मसीहा बन जाता है। मुझे खुशी है कि अधिकांश मित्रों ने इसे इसी सन्दर्भ में स्वीकार किया।'

अन्त में यह भी कि यह पुस्तक इसलिए तो साहित्य की निधि है ही कि इसे विष्णु जी ने अप्रतिम समर्पण से तैयार किया लेकिन इस बात में भी दोराय नहीं कि शरत् का लेखन और जीवन ही ऐसा विलक्षण और विराट था, जिसकी वजह से यह अद्वितीय रचना सम्भव हो सकी। इसे पढ़ते हुए यह बात भी पुख्ता तौर पर प्रमाणित होती है कि कहानी, कविता या उपन्यास लिख लेना एक बात होती है, जो थोड़े अभ्यास और थोड़ी प्रतिभा से भी लिखा जा सकता है, लेकिन एक लेखक सा जीवन जीना वास्तव में बहुत कष्टपूर्णक यात्रा होती है। समाज ऐसे लेखकों की रचनाओं को पढ़-पढ़ कर कितनी भी तारीफ़ करता रहे, उसकी प्रशस्ति में भले ही आलोचक कितने पन्ने भर दें लेकिन उसके जीवन की टूटन-फूटन, उसकी करुणा और उसके मन की अन्तर्व्यथा का अनुमान लगाना लगभग असम्भव ही होता है। इस बात का भी एहसास *आवारा मसीहा* को पढ़ते हुए होता है। और शरत् के मन-जीवन में मौजूद रहे ऐसे भावों को पूरी मार्मिकता से सामने लाने में विष्णु जी सफल रहे इस बात के लिए उनकी जितनी प्रशंसा की जाये कम ही है।

किसको आती है मसीहाई, किसे आवाज़ दूँ

अभिषेक सौरभ[*]

देखा जाए तो हिन्दी-साहित्य में जीवनी-लेखन या किसी दूसरे के बारे में लिखना बहुत ज़्यादा नहीं हुआ है। आत्मकथा लेखन की तरह जीवनी-लेखन की विधा भी हिन्दी-साहित्य में एक तरह से उपेक्षित हो रही है। इसके पीछे सर्वाधिक महत्त्वपूर्ण कारणों में एक कारण यह है कि जीवनी-विधा में आत्मीयता और दूसरे के जीवन के बारे में जो जानकारी चाहिए होती है, उसका किसी अन्य के पास नितान्त अभाव होता है। इसके बावजूद भी यदि जीवनियाँ लिखी जाती हैं तो वह इतनी ज़्यादा तथ्यपरक हो जाती हैं कि उनमें रोचकता के तत्त्व का पाठक के लिए अभाव हो जाता है—जीवनी-लेखन कोरा इतिहास-मात्र होगा, अगर उसकी अभिव्यक्ति कलात्मक ढंग से न हो और उसमें लिखने वाले का व्यक्तित्व प्रतिफलित न हो। वह व्यक्ति-विशेष का तटस्थ पर खुलकर किया गया अध्ययन होता है।   (*आवारा मसीहा*)

आत्मकथा लेखन के लिए जहाँ रचनाकार को अपने अन्तस की सत्यवादिता और अपने निज के जीवन की गूढ़तम सच्चाइयों को बिना लाग-लपेट के कह सकने के साहस की आवश्यकता होती है (जिससे निस्सन्देह आत्मकथा लेखक के निज और उनसे जुड़े अन्य व्यक्तियों का जीवन भी प्रभावित हो सकता है); वहीं जीवनी-लेखन के लिए सम्बन्धित व्यक्तित्व के जीवन की कुछ अद्भुत-असाधारण घटनाओं और कुछ क्रान्तिकारी विचारों के समुच्चय के अलावा उन घटनाओं और उन विचारों के पीछे रहने वाले प्रेरणास्रोत को भी ढूँढ़ निकालना आवश्यक होता है। वहाँ सत्य को पाने के लिए जीवन-सागर में गहरे उतरना

---

[*]जेएनयू में शोधरत अभिषेक सौरभ के आलेख कुछ महत्त्वपूर्ण पत्रिकाओं में प्रकाशित हुए हैं।

होता है और उस उतरने में जहाँ आस्था का प्रश्न है, वहाँ वस्तुनिष्ठता उससे भी अधिक अनिवार्य होती है। डॉ. जॉनसन ने कहा था, ''वही व्यक्ति किसी की जीवनी लिख सकता है जो उसके साथ खाता-पीता, बैठता-उठता और बोलता-बतियाता रहा हो।'' (*आवारा मसीहा*) हालाँकि जिस जीवनी-लेखक को सान्निध्य का ऐसा सौभाग्य प्राप्त नहीं हुआ हो, उसकी आस्था में शंका करने का कोई उचित कारण नहीं दिखाई देता। साथ ही यह दूरी वस्तुनिष्ठता और वस्तुपरक दृष्टि के विकास में सहायक ही होती है। लेकिन हाँ! ऐसी स्थिति में जीवनी-लेखक का परिश्रम निस्संदेह कई गुना और बढ़ जाता है।

आधुनिक काल में जो जीवनी पुस्तकें हिन्दी में लिखी गयीं, उनमें बाबू राधाकृष्णदास की *भारतेन्दु बाबू हरिश्चन्द्र का जीवन चरित्र*, ब्रजरत्नदास की *भारतेन्दु हरिश्चन्द्र*, रामवृक्ष बेनीपुरी का *जयप्रकाश नारायण*, राहुल सांकृत्यायन द्वारा *कार्ल मार्क्स*, जैनेन्द्र कुमार की *अकाल पुरुष गाँधी*, चन्द्रशेखर शुक्ल का *आचार्य रामचन्द्र शुक्ल : जीवन और कृतित्व*, अमृत राय का *कलम का सिपाही*, मदन गोपाल का *कलम का मजदूर*, रामविलास शर्मा द्वारा *निराला की साहित्य साधना* (3 खंडों में), विष्णु प्रभाकर का *आवारा मसीहा* (शरत्चन्द्र की जीवनी), शोभाकान्त की *बाबूजी* (नागार्जुन), विष्णु चन्द्र शर्मा का *समय साम्यवादी* (राहुल सांकृत्यायन), मदन मोहन ठाकौर का *राजेन्द्र यादव*, कुमुद नागर की *वटवृक्ष की छाया में*, नरेन्द्र मोहन की *मंटो ज़िन्दा है*, रामकमल राय की *शिखर से सागर तक* आदि ज़्यादा चर्चित रही हैं।

इन जीवनियों में *आवारा मसीहा* कतिपय कारणों से एक ख़ास और अलग मुकाम रखती है। आमतौर पर अधिकतर जीवनी-लेखक और उनके लिखे जीवनी-लेखन में भाषायी, राजनैतिक, रक्त-सम्बन्धी या फिर विचारधारात्मक; कोई-न-कोई ऐसा पहलू ज़रूर मिल जायेगा जो उनके आत्मीय और रचनात्मक जुड़ाव का हेतु माना जा सकता है। मसलन भारतेन्दु, प्रेमचंद, आचार्य शुक्ल, निराला, राहुल सांकृत्यायन, मुक्तिबोध, नागार्जुन, अज्ञेय आदि हिन्दी साहित्य के शलाका-पुरुष रहे हैं और उनके जीवनीकार भी हिन्दी साहित्य-जगत से ही जुड़े रहे हैं। इसके अतिरिक्त प्रेमचंद, बाबा नागार्जुन, अमृतलाल नागर, कमलेश्वर आदि के जीवनीकार उनके रक्त-सम्बन्धी भी हैं। वहीं रामवृक्ष

बेनीपुरी, जैनेन्द्र और राहुल सांकृत्यायन द्वारा लिखी गई राजनैतिक हस्तियों की जीवनियाँ उनके राजनैतिक और विचारधारात्मक जुड़ाव को दर्शाती हैं। जबकि *आवारा मसीहा* के सन्दर्भ में ये सारी बातें बिलकुल विपरीत हैं। शरत्चन्द्र चट्टोपाध्याय जहाँ बांग्ला-साहित्य के शीर्षस्थ कथाकार रहे हैं, वहीं विष्णु प्रभाकर हिन्दी साहित्य सेवी रहे हैं। रक्त-सम्बन्ध तो दूर; हर तरह की भाषायी, प्रान्तीय, सामाजिक और सांस्कृतिक विविधता इनके मध्य स्पष्ट हैं। विष्णु प्रभाकर जहाँ पक्के गाँधीवादी वहीं शरत्चन्द्र गाँधी को चाहने और इस चाहत के फलस्वरूप चरखा चलाने, सूत कातने के उपरान्त भी रत्ती भर के गाँधीवादी नहीं, कुछ और ही और ऐसा कि ठीक-ठीक न पता किया जा सके क्या ? नितान्त स्वच्छंद व्यक्ति ! शायद आवारा ! शायद कुछ और ! किन्तु जो भी हो वो मानवता के पक्षपाती थे। वो मनुष्य को देवता के नाते नहीं, मनुष्य के नाते ही प्यार करते थे। वो जानते थे कोई शास्त्र, श्लोक, मंत्र-तंत्र, पाप-पुण्य, धर्म-अधर्म मनुष्य से बड़ा नहीं है। शरत्चन्द्र के प्रति विष्णु प्रभाकर की अनुरक्ति का कारण भी यही मानवीय निष्ठाएँ रही होंगी, तभी तो एक मसीजीवी होने के बावजूद भी उन्होंने *आवारा मसीहा* को चौदह साल दिये। बांग्ला के अमर कथा-शिल्पी, शरत्चन्द्र चट्टोपाध्याय की यह प्रामाणिक जीवन-गाथा, *आवारा मसीहा* विष्णु जी के धैर्य और लेखकीय साहस का प्रतीक है। उनके विश्रृंखल और उलझे हुए जीवन की गुत्थी सुलझाने, उसमें तारतम्यता लाने के साथ ही, विष्णु जी ने शरत्चन्द्र के औपन्यासिक चरित्रों के स्रोत और उनकी रचना प्रक्रिया को टटोलने की दुष्कर चुनौती को भी स्वीकारा और अत्यन्त प्रामाणिकता के साथ उसका निर्वहन भी किया। इसके लिए उन्होंने बंगाल, बिहार और बर्मा के बीच फैले उनके कथा-संसार, देश में न जाने कहाँ-कहाँ बिखरे पड़े कथा-सूत्र, उनसे सम्बन्धित व्यक्तियों के साक्षात्कार, समकालीन मित्रों के लेख-संस्मरण तथा उनकी अपनी रचनाओं में इधर-उधर बिखरे वे स्थल और प्रसंग जिनका उनके जीवन से सीधा सम्बन्ध रहा, को जोड़ने के लिए बहुत-सी यात्राएँ कीं, गहन चिन्तन-मनन और अध्ययन किया। इस क्रम में शरत्चन्द्र के साथ-साथ पूरी सृजन-प्रक्रिया को उन्होंने दुबारा से जिया। शायद एक जीवनीकार के लिए यह अत्यन्त आवश्यक भी होता है। किसी रचनाकार

का अवाँगार्द किस्म का जीवन, उसके जीवनीकार के निज के मनोभावों को भी रचनाकार की तरह सोचने की साहित्यिक रचनात्मकता की माँग करता है; (बकौल शरत्—''हेमेन्द्र, ऐसा कोई नशा नहीं जो मैंने नहीं किया हो। ऐसी कोई बुरी जगह नहीं जहाँ मैं न गया हूँ। आज यही सब सोचकर कभी-कभी अवाक् हो जाता हूँ कि इतना करने पर भी मैंने अपने से हार नहीं मानी। मेरे मन के भीतर का मनुष्य हमेशा ही निर्मुक्त रहा।'' (*आवारा मसीहा*), इस प्रक्रिया में जीवनीकार की रचनात्मकता भी और निखरती है और पाठक गण एक बेजोड़ जीवनी-साहित्य का आस्वादन कर पाते हैं। आश्चर्य नहीं कि कई श्रेष्ठ साहित्यिक रचनाओं के रचयिता होने के बावजूद विष्णु प्रभाकर सबसे ज्यादा *आवारा मसीहा* के लिए क्यों याद किये जाते हैं।

साहित्यकार यदि मानव को केन्द्र में न रखे तो सच्चा साहित्य-सृजन नहीं हो सकता और मानव क्या है, यह मानव को देखे बिना नहीं समझा जा सकता। शरत् जहाँ भी रहे जीवन भर मानवों के बीच रहे। उनके जीवन में मानुष, स्थान (जहाँ भी उन्होंने अपने जीवन के खट्टे-मीठे पल बिताये) और अधूरे प्रेम की तीव्र संवेदना का खासा महत्त्व रहा है। ये तीनों ही उनकी सारी गल्पों के केन्द्र में रहे हैं...कभी रूप बदलकर, कभी नाम बदलकर...कलेवर बदलते गये, कथा बदलती गयी, मूल आत्मा वही रही। उनका मुज़फ़्फ़रपुर का जीवन हर दृष्टि से बोहेमियन था। शराब, शिकार और वेश्या—इनकी सुविधा होने पर और हो भी क्या सकता था! लेकिन इस चरित्रहीनता के बीच में से निस्संग होकर उठ जाने की शक्ति भी उनमें थी। वह वहाँ मित्रों के अतिरिक्त वेश्याओं, साधु, ज़मींदार, कारकुन, वकील, संगीत-प्रेमी और निचले तबके के लोगों से भी मिलते थे। उनका खूब अध्ययन करते, उनकी बातें सुनते और उसी के आधार पर एकान्त में जाकर लिखते रहते। *गृहदाह* में उन्होंने अपने अल्पकालिक डेहरी-प्रवास को भी अमर कर दिया। अपने शैशव की संगिनी धीरू को आधार बनाकर शरत् ने अपने कई उपन्यासों की नायिकाओं का सृजन किया। *देवदास* की पारो, 'बड़ी दीदी' की माधवी और *श्रीकान्त* की राजलक्ष्मी, ये सब धीरू का ही तो विकसित और विराट रूप हैं। जीवन-जगत के अनुभव को अनुभूति में रूपान्तरित करने की सूक्ष्म पर्यवेक्षक

दृष्टि उनके पास बचपन से थी। योजनाएँ बनाना भी वे खूब जानते थे, बस विरासत में मिली हुई अजगरी वृत्ति के कारण उन्हें वक्त पर क्रियान्वित करना उन्होंने नहीं सीखा था। इसकी वजह उनकी आवारगी भी थी। इस वक़्त तक मूलत: वे आवारा ही थे और इस कारण दिशाहीन भी। यह उनकी उम्र का वो पड़ाव था, जहाँ उनके यौवन का सूर्य मध्याकाश में था, लेकिन जैसे घने और ठंडे कोहरे ने उसे आच्छादित कर रखा था। दिशाहारा मन:स्थिति ने ही उन्हें बर्मा में ला खड़ा किया और बर्मा में ही जैसे कथाशिल्पी शरत्चन्द्र का पुनर्जन्म हुआ। दुनिया सम्पन्न और सुन्दर को प्यार करती है पर उन्होंने तो सर्वहारा और असुन्दर को ही प्यार करने की ठानी थी। यहाँ भी कुछ समय मौसा जी के घर को छोड़कर उनका अधिकांश जीवन ऐसे ही लोगों के बीच बीता। मनुष्य से वे किसी भी अवस्था में घृणा नहीं कर सकते थे। जहाँ 'पिलेग' शब्द सुनकर बड़े से बड़ा साहसी भी अपने प्रिय से प्रिय जन को छोड़ देता था, वहाँ शरत् एक अजनबी के पास भी पहुँच जाते थे। उसकी सेवा-सुश्रूषा करते थे। वर्षों बाद ये ही अनुभव-चित्र *श्रीकान्त* में प्रस्फुटित हुए। वो बीच-बीच में अक्सर जाकर निम्न-वर्गीय लोगों के बीच मिस्त्री पल्ली में रहने लगते थे। 'उसके अन्तर का हीन भाव उन्हें सभ्य समाज से दूर इन तथाकथित छोटे लोगों के बीच में ही आनन्द देता था।' (*आवारा मसीहा*) *चरित्रहीन* के नायक 'सतीश' को भी एक दिन ऐसे ही लोगों के बीच जाकर रहना पड़ता है। बर्मा-प्रवास में वह ऐसे व्यक्तियों के सम्पर्क में आये जिनका बौद्धिक स्तर ऊँचा था, परन्तु उनके अधिकतर साथी महत्त्वहीन और अनजाने ही थे। उन्हीं के द्वारा प्रोत्साहन पाकर निर्धन, अर्द्ध-शिक्षित और आवारा युवक शरत्, साहित्य के उस क्षेत्र में प्रवेश पा सका जहाँ मानवता उसकी प्रतीक्षा कर रही थी। आवारा को जिस दिन दिशा मिल जाती है, उसी दिन वह मसीहा बन जाता है।

शरत्चन्द्र नारी जाति के मसीहा थे। उस नारी जाति के जिसे हज़ारों सालों की परम्परा से परतन्त्रता की बेड़ियाँ ही नसीब हुई थीं। उनके समस्त मनोभावों को, उनकी बेज़ुबानी को उन्होंने अपनी रचनाओं में उकेरा। यह मसीहाई हेमचन्द्र, मधुसूदन, बंकिम और विश्वकवि में भी नहीं थी। तभी तो

विश्वकवि की एक लम्बी कविता 'साधारण मेयेर' की साधारण लड़की शरत् बाबू से ही विनती करती है—

(आवारा मसीहा)

वास्तव में शरत्-साहित्य की रीढ़, नारी के प्रति उनका दृष्टिकोण ही है। 'उन्होंने अपने साहित्य में स्पष्ट रूप से यह अंकित किया है कि पुरुषों के बनाये हुए झूठे शास्त्र केवल स्त्रियों को बाँध रखने की बेड़ियाँ हैं। सतीत्व की महिमा केवल स्त्रियों को बतलाई जाती है—पुरुषों के लिए कुछ नहीं। यह सब धोखा है।' (*आवारा मसीहा*) वे मानव-धर्म को सती-धर्म के बहुत ऊपर स्थान देते थे और नारीत्व को, नारी-हृदय की मंगलमयी करुणा, उसकी जन्मजात ममतामयी मातृ-वेदना को सतीत्व से बहुत अधिक महत्त्वपूर्ण मानते थे। उनकी यह निविड़ सहानुभूति मात्र मौखिक ही नहीं, व्यावहारिक भी थी। इलाचन्द्र जोशी ने लिखा है, 'जो साधारण से साधारण स्त्रियाँ भी उनके सम्पर्क में आयीं, उनके प्रति भी शरत् के मन में करुणा, संवेदनशीलता और सहृदयता की भावना उमड़ती रही। कभी किसी भी नारी की आर्थिक या सहृदयताजनित विवशता से अनुचित लाभ उठाने की प्रवृत्ति उनके मन में नहीं जागी।' (*आवारा मसीहा*)

शरत् यारबाश इंसान थे फिर भी सभाओं और महफ़िलों से घबराते थे। वो भाषण देने से भी बहुत कतराते थे, फिर भी देशबन्धु के प्रति श्रद्धानत होने के कारण अल्प-कालिक सक्रिय राजनीति में भी आये, किन्तु जब देशबन्धु न रहे तो उन्होंने राजनीति भी छोड़ दी। पशु-पक्षियों और साँपों तक पर प्यार लुटाने वाले अपराजेय कथाशिल्पी आवारा मसीहा (शरत्चन्द्र चट्टोपाध्याय) ने जब दुनिया से विदा ली तो जीवनकाल में जो उनके विरोधी थे, उन्होंने भी मुक्त कंठ से उनकी प्रतिभा का अभिनन्दन किया। कविगुरु रवीन्द्रनाथ ने शोक-सन्तप्त होकर लिखा—

देशेर माटिर थेके निलो जारे हरि,
देशेर हृदय ताके राखियेछे बरि।

(आवारा मसीहा)

रुखसत हुआ तो बात दिल की मान कर गया,
जो भी उसके पास था वो सब दान कर गया।
बिछड़ा कुछ इस तरह की रुत ही बदल गयी,
वो 'आवारा' सारे शहर को वीरान कर गया।[1]

---

1. खालिद शरीफ़ की एक ग़ज़ल के कुछ परिवर्तित हिस्से।

आस्था और संवेदना

के.पी. शाह[*]

हिन्दी में जीवनियों का लिखा जाना आधुनिक काल में ही प्रारम्भ हुआ। व्यावसायिकता से प्रेरित, किन्तु साहित्य दृष्टि से मूल्यहीन जीवनियों की अच्छी-खासी संख्या हिन्दी में विद्यमान है। जिन्हें हम कलात्मक जीवनियाँ कह सकें उनकी संख्या हिन्दी में बहुत कम है। अमृतराय रचित प्रेमचंद की जीवनी *कलम का सिपाही* तथा डॉ. रामविलास शर्मा रचित निराला की जीवनी *निराला की साहित्य साधना* विशेष रूप से उल्लेखनीय हैं। जीवनी लेखन की जिस परम्परा का सूत्रपात इन दो रचनाओं से हुआ उसकी अगली महत्त्वपूर्ण कड़ी है विष्णु प्रभाकर रचित शरत्चन्द्र की जीवनी *आवारा मसीहा।*

शरत् जैसे घुमक्कड़, फक्कड़, आवारा किन्तु अपूर्व प्रतिभाशाली, ममतामयी, अन्तर्मुखी लेखक का सम्पूर्ण प्रामाणिक जीवन-चरित्र लिखना तो और भी कठिन कार्य था। इस असम्भव कार्य को सम्भव बनाने के लिए विष्णु प्रभाकर ने अपने जीवन के चौदह साल दिये हैं। इन चौदह सालों में उन्होंने काफ़ी भ्रमण किया। क्योंकि शरत् घुमक्कड़ थे। एक जगह वे ज़्यादा समय टिक नहीं सके। इसके अनेक कारण थे। उनके स्वभाव के कारण उनके बारे में अनेक सही या गलत अफ़वाहें फैलती रहीं। उन सब सुनी-सुनाई बातों में से सत् तक पहुँचने का कठिन काम विष्णु जी को करना था। इसी कारण जिन लोगों का शरत् के जीवन से प्रत्यक्ष या अप्रत्यक्ष रूप से सम्बन्ध रहा था, उन सबसे विष्णु जी ने मुलाकात की। इनमें 17 व्यक्ति ऐसे थे जिनका प्रत्यक्ष सम्बन्ध रहा तथा अप्रत्यक्ष रूप से सम्बन्ध में आने

---

[*]गुजरात के महाविद्यालयों में प्राध्यापक रहे के.पी. शाह हिन्दी गद्य के समीक्षक हैं।

वाले 42 व्यक्तियों से उन्होंने मुलाकात की। विष्णु प्रभाकर प्राय: उन सभी स्थानों पर गये जहाँ शरत् नाममात्र के लिए रहे थे। सामग्री इकट्ठा करने के लिए उन्होंने बांग्ला की 48, हिन्दी की 19 तथा अंग्रेज़ी की 9 किताबें पढ़ीं। इसके अलावा बांग्ला के 17, हिन्दी के 5 तथा अंग्रेज़ी के 2 समाचार पत्रों से सहायता ली।

विष्णु प्रभाकर ने *आवारा मसीहा* में शरत् के बिखरे, फैले जीवन को समेटकर एक सुशृंखलित वृत्तान्त तैयार किया। इसके लिए उन्होंने जो सामग्री इकट्ठा की उसे दो रूपों में विभाजित किया जा सकता है—(अ) बाह्य साक्ष्य, (ब) अन्त:साक्ष्य। बाह्य साक्ष्य में उन व्यक्तियों से सम्पर्क स्थापित किया गया जो शरत् से प्रत्यक्ष या अप्रत्यक्ष रूप से सम्बन्धित थे। अन्त:साक्ष्य में आती हैं बांग्ला भाषा में प्रकाशित शरत् की जीवनियाँ। आज तक बांग्ला भाषा में शरत् पर स्फुट रूप से बहुत कुछ लिखा गया पर उनकी समग्र जीवनी को एक साथ प्रस्तुत करने का दुस्साहस किसी ने नहीं किया। उसी असाध्य कार्य को सफलता के साथ पूरा करने का श्रेय विष्णु प्रभाकर को है।

शरत् सबसे पहले कथाकार हैं और एक कथाकार की जीवनी उसी रूप में लिखी गयी है जिस रूप में शरत् का कथा-साहित्य। विष्णु प्रभाकर ने शरत् के व्यक्तिगत जीवन एवं साहित्य का सूक्ष्म अध्ययन एवं परीक्षण किया। अपने अध्ययन के आधार पर उन्होंने शरत् के कथा-साहित्य के पुरुष और स्त्री पात्रों का परिचय जीवनी में स्थान-स्थान पर दिया है। इन्हीं पात्रों के आधार पर विष्णु प्रभाकर जीवनी का सही निर्वाह कर सके। ये ऐसे पात्र हैं जिनसे शरत् को प्रेम, स्नेह, आदर और श्रद्धा मिली है। प्रमुख नारी पात्रों में भुवनमोहिनी, शान्ति, मोक्षदा (हिरण्यमयी), धीरू, नीरदा हैं, तो पुरुष पात्रों में मोतीलाल, सुरेन्द्रनाथ तथा इन्द्रनाथ प्रमुख हैं। शरत् का कथा-साहित्य उनके वास्तविक जीवन से भिन्न नहीं था। उन्होंने कथा-साहित्य में न केवल जीवन का यथार्थ विवरण दिया है अपितु नाम तक वे ही लिये हैं। इसी कारण *आवारा मसीहा* पढ़ते समय कई बार भ्रम होता है कि ये पात्र वास्तविक हैं या काल्पनिक।

विष्णु प्रभाकर ने *आवारा मसीहा* को तीन पर्वों में विभाजित किया है। पर्वों

के साथ दिशा शब्द जुड़ा है—1. दिशाहारा, 2. दिशा की खोज, 3. दिशान्त। इन तीनों में दिशा शब्द अपने आप 'आवारा' से जुड़ा प्रतीत होता है। 'आवारा' व्यक्ति स्थिर रूप में रह नहीं सकता। यह बात शरत् के जीवन से जुड़ी है। जीवनी को तीन पर्वों में बाँटते समय लेखक ने प्रत्येक पर्व के अन्तर्गत छोटे-छोटे शीर्षक देकर कथा को अलग-अलग भागों में बाँटा है। 'दिशाहारा' में रंगून जाने से पूर्व का वर्णन, 'दिशा की खोज' में रंगून के जीवन का वर्णन और 'दिशान्त' में रंगून से स्वदेश लौटने का वर्णन है। इन तीनों पर्वों में शरत् की मानसिक दशा का तथा उनके सम्पर्क में आये हुए पात्रों का विवेचन किया है।

1. दिशाहारा

आवारा मसीहा जीवनी का प्रथम पर्व 'दिशाहारा' को लेखक ने छोटे-छोटे 18 शीर्षकों के अन्तर्गत रखा है। इसमें शरत् के बचपन से लेकर युवावस्था के आरम्भ तक की कहानी है। इस खंड में शरत् का बचपन तथा उनके यौवन का असफल प्रेम और शरत् के सम्पर्क में आये हुए लोगों का परिचय है। इसी के अन्तर्गत शरत् की शिक्षा-दीक्षा और साहित्य सृजन का भी उल्लेख हुआ है। उनकी 26 साल तक की आयु का सम्पूर्ण विवरण 'दिशाहारा' में प्राप्त है। इसका प्रारम्भ शरत् के नाना के परिवार के घर (भागलपुर) विदा होने के प्रसंग से होता है और अन्त माता-पिता की मृत्यु के बाद जीविका की तलाश में भारत छोड़कर रंगून चले जाने से।

2. दिशा की खोज

इस पर्व में बर्मा के लम्बे सफ़र की कहानी है। विष्णु प्रभाकर ने इस पर्व को भी 18 छोटे-छोटे शीर्षकों के अन्तर्गत विभाजित किया। रंगून जाते समय शरत् के जीवन की कोई दिशा निश्चित नहीं थी। वह दिशा की तलाश में निकल पड़े थे। इसका वर्णन लेखक ने इस पर्व के शीर्षकों के अन्तर्गत किया है। शरत् के व्यक्तिगत एवं पारिवारिक जीवन की अजीबो-गरीब परिस्थितियों का लेखा-जोखा प्रस्तुत किया है। इसी पर्व में शरत् के साहित्यिक जीवन का शुभारम्भ होता है। *चरित्रहीन, श्रीकान्त, पथेरदावी, शुभदा, विराजबहू* आदि

उपन्यासों तथा 'बड़ी दीदी' और 'मझली दीदी' आदि कहानियों की सृष्टि हुई है। 'नारी का मूल्य' यह बहुचर्चित निबन्ध यहीं पर लिखा गया। वास्तव में शरत् साहित्य का मूल स्वर नारी का उद्धार ही रहा है।

विष्णु प्रभाकर ने इस पर्व में शरत् के व्यक्तिगत और साहित्यिक जीवन की परिस्थितियों को प्रमाणित करते हुए उनकी रंगून से भारत वापसी को निश्चित उद्देश्य से प्रेरित वापसी बताया है।

3. दिशान्त

'दिशाहारा' और 'दिशा की खोज' की तुलना में 'दिशान्त' बड़ा पर्व है। यह एक प्रतिष्ठित साहित्यकार के जीवन की कथा है जो अपने पाठकों के बीच अत्यन्त लोकप्रिय हुई। विष्णु प्रभाकर ने शरत् के विगत जीवन के सारे प्रसंगों को जीवनी में प्रस्तुत करने के साथ-साथ 'दिशान्त' पर्व में उनका लब्धप्रतिष्ठ साहित्यकार का जीवन भी चित्रित किया है। शरत् के जीवन का बिखराव और भटकाव जीवनी के दो पर्वों में चित्रित है। इस कारण पहले खंडों को पढ़ते समय पाठक को उपन्यास पढ़ने का आनन्द मिलता है। लेकिन 'दिशान्त' में शरत् के लेखन और प्रकाशन के विवरण अधिक हैं। परिणामत: पहले दो खंडों की तुलना में यह नीरस-सा लगता है, कहीं-कहीं पाठक ऊब भी जाता है।

विष्णु प्रभाकर ने 'दिशान्त' में शरत् के जीवन से सम्बन्धित साहित्यिक विवाद और उनकी राजनीतिक गतिविधि को विशेष रूप से उभारा है। साहित्यिक विवादों में सबसे महत्त्वपूर्ण है—शरत् और रवीन्द्रनाथ के बीच का विवाद। शरत् ने रवीन्द्रनाथ को अपना गुरु माना था और रवीन्द्रनाथ ने भी शरत् की प्रतिभा को स्वीकारा था, किन्तु दोनों के बीच में आत्मीयता स्थापित नहीं हो सकी। शरत् का व्यक्तिगत जीवन जिस प्रकार विरोधाभासों से भरा हुआ था उसी प्रकार उनका राजनीतिक जीवन भी। इस प्रकार उनके राजनीतिक जीवन का सम्पूर्ण विष्णु प्रभाकर ने दिया है। राजनीति की तरह शरत् साहित्यिक आन्दोलनों में भी सक्रिय रूप से भाग लेते रहे।

आवारा मसीहा में शरत् का जो चित्र उभारा है वह भरापूरा चित्र है, अत्यन्त आकर्षक। इसमें व्यक्ति शरत् के साथ-साथ साहित्यकार शरत् के भी

दर्शन होते हैं। व्यक्ति शरत् जटिल है तो साहित्यकार शरत् संवेदनशील। इसी कारण *आवारा मसीहा* में शरत् के उपन्यासों के प्रसंग बार-बार आये हैं और इससे जीवनी का रूप उपन्यास के समान हो गया है। जीवनी के तत्त्वों की दृष्टि से देखें तो इसे विशुद्ध जीवनी कहना कठिन होगा, क्योंकि यह जीवनी शोधग्रन्थ रूप में लिखी गयी है। ऐसा होने पर भी इसमें सृजनात्मक साहित्य की विशेषताएँ दिखाई देती हैं।

आवारा मसीहा रचना का सम्बन्ध प्रधान रूप से शरत् की जीवनी से ही है। सम्पूर्ण रचना में शरत् व्याप्त हैं और वही इस रचना के नायक भी हैं। विष्णु प्रभाकर ने शरत् की जीवनी को *आवारा मसीहा* शीर्षक दिया है। *आवारा मसीहा* में स्थित 'आवारा' शब्द का कोशार्थ है इधर-उधर फिरनेवाला या भटकनेवाला। 'मसीहा' शब्द का कोशार्थ है—मुर्दों को जिला देने की शक्ति रखनेवाला। इस शक्ति से सम्पन्न माने जाने वाले ईसा के लिए प्रयुक्त शब्द कालान्तर में हताश, निराश जनसमूह में जीवन की आस्था जगाने में समर्थ महापुरुषों के लिए भी उपयुक्त हुआ है। 'आवारा' एवं 'मसीहा' दोनों ही शब्द स्वतन्त्र रूप में भिन्न-भिन्न अर्थ देते हैं। दोनों को किसी एक नाम के साथ जोड़ना कठिन है। शरत् के जीवन में दोनों शब्दों को जोड़ने की क्षमता दिखाई देती है। अत: ये दोनों शब्द एक साथ नया अर्थ देने लगते हैं, जो शरत् के व्यक्तित्व को उजागर करने के लिए सबसे अधिक उपयुक्त प्रतीत होते हैं। शायद इसी अर्थ में विष्णु प्रभाकर ने शरत् की जीवनी को भी *आवारा मसीहा* शीर्षक देकर सार्थक कर दिया है।

आवारा मसीहा की लोकप्रियता का कारण जहाँ एक ओर बंगाल के प्रसिद्ध साहित्यकार स्वयं शरत् हैं, वहीं दूसरी ओर इस जीवनी के लेखक विष्णु प्रभाकर भी हैं। बांग्ला साहित्य में शरत् की जीवनी लिखने का प्रयत्न कई विद्वानों ने किया। उनकी कल्पित कहानी को जीवनी का रूप देकर अनेक पुस्तकें प्रकाशित हुईं, पर उन सबमें शरत् का वास्तविक रूप प्रकट होने की बजाय वह अधिक जटिल हो गया। विष्णु प्रभाकर शरत् और उनके साहित्य से पहले से ही प्रभावित थे। जैसे ही शरत् की जीवनी लिखने का प्रस्ताव उन्हें

मिला वैसे ही उन्होंने इस चुनौती को स्वीकारा। विष्णु प्रभाकर न बंगाली थे, न बंगाली भाषा में पारंगत। बांग्ला में फैले शरत् विषयक सैकड़ों लोकापवादों से भी वे परिचित नहीं थे। बंग भूमि से भी उनका कोई विशेष लगाव नहीं था। फिर भी उन्होंने लगन, निष्ठा और अध्यवसाय के सहारे शरत् की प्रामाणिक जीवनी प्रस्तुत की।

शरत् के प्रति विष्णु प्रभाकर के मन में श्रद्धा है, अन्ध भक्ति नहीं। इसलिए वे नीर-क्षीर विवेचन कर सके। उन पर यह आरोप नहीं लगाया जा सकता कि उन्होंने शरत् की भावातिरेक में आकर निन्दा की है या प्रशंसा की है। सन्तुलन सर्वत्र बना हुआ है। इसलिए *आवारा मसीहा* में शरत् का व्यक्तित्व प्रतिफलित हो सका है और अभिव्यक्ति का कलात्मक ढंग भी आ गया है। उन्होंने एक श्रेष्ठ जीवनी लेखक से की जानेवाली अपेक्षाओं की पूर्ति की है और जीवनी लेखन के कठिन कार्य को सफलतापूर्वक पूरा किया है। हरदयाल के विचारों में *आवारा मसीहा* का दुहरा महत्त्व है। पहला, वह एक श्रेष्ठ जीवनी है। हिन्दी के जीवनी साहित्य की एक श्रेष्ठ उपलब्धि। दूसरा, उसने जीवनी साहित्य के उपेक्षित क्षेत्र में भावी लेखकों का मार्ग प्रशस्त किया है। उनके सामने एक आदर्श रखा है।

जीवनी को अर्थपूर्ण बनाना और समसामयिक प्रश्नों से जोड़ना अपने आपमें एक महत्त्वपूर्ण बात नहीं, जीवनी लिख पाना ही अपने आपमें सबसे कठिन बात है। विशेष रूप से ऐसे व्यक्ति की जीवनी लिखना संवेदना के अतिरिक्त उपयुक्त भाषा की भी माँग करता है। भाषा की दृष्टि से विष्णु प्रभाकर अपने आपसे निकलकर ऊपर आये हैं। कुल मिलाकर *आवारा मसीहा* एक सार्थक कृति है। रचनाकार की आस्था और संवेदना ने इस कृति को प्रामाणिकता प्रदान की है।

आवारा मसीहा का मूल्यांकन हिन्दी में लिखी गयी अन्य महत्त्वपूर्ण जीवनियों की तुलना में ही किया जा सकता है। जैसे—अमृतराय द्वारा लिखित *कलम का सिपाही* और रामविलास शर्मा द्वारा लिखित *निराला की साहित्य साधना*। ये दोनों जीवनियाँ अन्तरंग व्यक्तियों द्वारा ही लिखी गयी हैं। इनकी

तुलना में विष्णु प्रभाकर को जीवनी लिखने के लिए ऐसी कोई सुविधा नहीं थी। अमृतराय प्रेमचंद के पुत्र थे। इस नाते उन्हें जीवनी से सम्बन्धित प्रत्यक्ष सामग्री सहज उपलब्ध थी। इस सामग्री का उपयोग उन्होंने जीवनी में किया है। इस पर भी उन्हें लिखने में संकोच और कठिनाई का अनुभव हुआ। निराला की जीवनी लिखते समय रामविलास शर्मा का ध्यान निराला के व्यक्तित्व पर रहा है और इसी कारण उनका जीवन-चरित्र इसमें उभरकर सामने आया है। यह जीवनी साहित्यकार की जीवनी होने के कारण इसमें उनके साहित्य का मूल्यांकन भी शामिल है। इस जीवनी में निराला के पारिवारिक, सामाजिक परिवेश तथा उस युग की सांस्कृतिक परिस्थिति और निराला के जीवन के बाह्य-रूपों के एक साथ दर्शन होते हैं।

आवारा मसीहा की भूमिका पढ़ने से पता चलता है कि विष्णु प्रभाकर के लिए शरत् की जीवनी लिखना एक चुनौती बन गया था। इस चुनौती को उन्होंने स्वीकार भी किया और पूरा भी किया। हालाँकि शरत् की जीवनी लिखना कोई साधारण काम नहीं था। वह भी ऐसे व्यक्ति के लिए जो उस भाषा और साहित्य से जुड़ा न हो। शरत् के सम्बन्ध में जो भी मत विष्णु प्रभाकर को उपलब्ध हुए वे परस्पर विरोधी थे। उनके बीच से रास्ता खोज निकालना कठिन काम था। परन्तु विष्णु प्रभाकर ने शरत् के यथार्थ रूप को खोज निकाला और उन्हें अस्वाभाविक स्थितियों से बचाया। वे एक मनुष्य थे और मनुष्य की सम्भावित दुर्बलताएँ उनमें थीं। उनके जीवन में विरोधाभासों का होना स्वाभाविक था लेकिन वे संवेदनशील और अभिव्यक्ति सिद्ध थे, इसलिए साहित्यकार भी थे। उनके सारे जीवन को इस सन्दर्भ में ही विष्णु प्रभाकर ने देखा और चित्रित किया।

आवारा मसीहा की भूमिका में विष्णु प्रभाकर पूरे विश्वास के साथ कहते हैं कि मैंने कला को भले ही खोया हो, आस्था को एक क्षण के लिए भी नहीं खोया और निरन्तर सशक्त और सच्ची संवेदना की घड़ियों को खोजने का प्रयत्न किया। शरत् के प्रति विष्णु प्रभाकर की यह आस्था अमृतराय की प्रेमचंद के प्रति निहित आस्था से भिन्न है और रामविलासजी की निरालाजी

के प्रति आत्मीयता से भी भिन्न आस्था के आधार पर विष्णु प्रभाकर ने *आवारा मसीहा* जीवनी का निर्वाह किया है। *आवारा मसीहा* में आत्मदर्शी तथ्यों के आधार पर यही प्रमाणित किया है कि शरत् के चरित्र के विषय में प्रचलित अधिकांश मान्यताएँ भ्रान्तिपूर्ण हैं। डॉ. राजलक्ष्मी नायडू के अनुसार, ''शरत् के व्यक्तित्व एवं कृतित्व का सबसे बड़ा गुण यही है कि वे जीवन-भर अमंगल के समक्ष प्रश्नचिह्न लगाते रहे और बिना किसी दुराव और मुखौटे के जीवन को उसके सहज रूप में व्यक्त करते रहे और उसी रूप को *आवारा मसीहा* में रेखांकित किया है।''

जीवन और कृतित्व के पारस्परिक संबंधों की तलाश

बसंत त्रिपाठी[*]

अक्सर किसी कलाकार या साहित्यकार की कृतियों को पढ़ने के संदर्भ में यह बात उठाई जाती है और अब तक भी उठाई जाती रही है कि कलाकार या कि रचनाकार के व्यक्तित्व और उसकी कृति के बीच कोई अनिवार्य संबंध नहीं होता है, इसलिए कृति से गुज़रने के लिए कृतिकार को जानना ज़रूरी नहीं है। इसके पक्ष और विपक्ष में इतनी बातें कही जा चुकी हैं कि अब इसे उठाना गड़े मुरदे उखाड़ना या व्यर्थ की तार्किकता का प्रदर्शन लग सकता है। खैर, इस खतरे को उठाकर भी मैं रचना और रचनाकार के व्यक्तित्व के पारस्परिक संबंधों की निकटता और दूरी को *आवारा मसीहा* के संबंध में समझने की कोशिश करूँगा। और यह भी कि, यह जीवनी हमारे लिए क्या महत्व रखती है।

बहुत पहले मैंने 'नागपुर दूरदर्शन' के लिए विष्णु प्रभाकर का एक लंबा साक्षात्कार लिया था। यह सुयोग तेजिंदर जी के मार्फत मिला था। वे तब नागपुर दूरदर्शन के निदेशक थे। अब साक्षात्कार की याद अच्छी तरह से नहीं है और न ही मेरे पास कोई रिकॉर्डेड दस्तावेज़ है। हाँ, इतना ज़रूर याद है कि साक्षात्कार का अधिकतर समय *आवारा मसीहा* पर ही केंद्रित था। मैंने *आवारा मसीहा* की प्रक्रिया और उसे लिखने के कारण से संबंधित कई सवाल पूछे थे। लिखने के कारण को लेकर जो उन्होंने कहा था उसकी कुछ धुँधली-सी याद है। उन्होंने बताया था कि शरत-साहित्य पढ़ते हुए उनके मन में लेखक को जानने की तीव्र इच्छ जागी थी। उनके जीवन के कुछ पक्षों को जानते-जानते ही एक मुकम्मल

---

[*] सुपरिचित कवि कथाकार बसंत त्रिपाठी इलाहाबाद विश्वविद्यालय में पढ़ाते हैं। इनका लिखा *शब्द* नामक कहानी संग्रह काफ़ी चर्चित हुआ।

जीवनी लिखने की इच्छा हुई। और इसको लिखने की इच्छा और इसके पूरे होने में लगभग बीस वर्ष का समय लगा। मुझे याद नहीं कि तब मैंने उनसे ये सवाल पूछा था या नहीं या यह सवाल मेरे मन में आया भी था या नहीं कि विष्णु प्रभाकर की पहचान एक व्यवस्थित और नैतिक गाँधीवादी रचनाकार के रूप में है। उन्होंने शरत्चन्द्र जैसे लगभग अराजक और अव्यवस्थित व्यक्ति के जीवन को जानने का बीड़ा क्यों उठा लिया? क्या रचनाकार के भीतर भी प्रकृति-विपर्यय व्यक्तित्व को जानने की उत्कट इच्छा होती है?

इसका उत्तर चाहे जो हो, इतना ज़रूर है कि अपने व्यवहार से सर्वथा विपरीत व्यक्तित्व और कुछ-कुछ अव्यवस्थित और भद्रवर्गीय समाज की दृष्टि से लगभग औघड़ से रचनाकार शरत्चन्द्र को जानने में जितनी दिलचस्पी विष्णु प्रभाकर ने दिखाई है और उसे जिस अंदाज़ में रखा है वह बेहद महत्त्वपूर्ण है। यदि मैं कहूँ कि उन्होंने *आवारा मसीहा* के माध्यम से किसी रचनाकार की जीवनी लिखने का शास्त्र रचा है तो यह अत्युक्ति नहीं होगी।

अब मैं उस प्रश्न पर लौटूँ कि रचनाकार के जीवन को जानना उसकी कृति को जानने के लिए ज़रूरी है या नहीं। दरअसल किसी भी कृति से पाठक के संबंध के दो स्तर होते हैं। पहला संबंध तो आस्वाद का होता है और दूसरा सम्यक विश्लेषण का। आस्वाद के प्रथम स्तर से गुज़रने के लिए रचनाकार को जानना उतना ज़रूरी नहीं होता। लेकिन जब पाठक रचना की अंतर्निहित परतों को अधिक सूक्ष्मता से खोलना चाहता है या उसका सूक्ष्म विश्लेषण करना चाहता है तब रचनाकार के जीवन को जानना उसके लिए ज़रूरी हो जाता है। *आवारा मसीहा* को मैं एक बेहतरीन जीवनी को पढ़ने के अलावा शरत् साहित्य को समझने की अनिवार्य पुस्तक के रूप में लेता हूँ। दक्षिण या उत्तर-पूर्व के बारे में तो अधिक नहीं जानता लेकिन जहाँ तक शेष भारत का प्रश्न है, आधुनिक साहित्य में बंगाली और मराठी भाषाओं में आधुनिकता का पहला व्यवस्थित रूप दिखाई पड़ता है। ज़ाहिर है कि इन दोनों ही भाषा-भाषी समाज में सुरुचिसम्पन्न मध्यवर्ग सबसे पहले अस्तित्व में आया। इसका एक प्रदीर्घ और समृद्ध इतिहास है। उसके कारणों की तह में जाने का अवसर यहाँ नहीं है। लेकिन इस प्रक्रिया ने साहित्य और समाज के पारस्परिक संबंधों को कैसे प्रभावित किया और बांग्ला

साहित्य की दुनिया में इसके क्या परिणाम हुए, *आवारा मसीहा* को पढ़ते हुए, इसका आभास होता है।

शरत्चन्द्र ने बांग्ला साहित्य में उस समय अपनी पहचान बनाई जब बंगाली समाज रवीन्द्रनाथ ठाकुर के अलावा कुछ भी देखने अथवा गुनने को तैयार न था। उसकी अस्मिता जैसे रवि बाबू के आस-पास ही केंद्रित हो गई थी। ऐसे समय समस्त प्रयोगों के लिए रवि बाबू की प्रशस्ति के अलावा और किसी बात का महत्त्व नहीं रह गया था, तब शरत्चन्द्र का आगमन एक कथाकार के रूप में बंगाली भाषा में हुआ। यह कोई साधारण घटना नहीं थी। रवीन्द्रनाथ की महत्ता का अंदाज़ा इस बात से भी लगाया जा सकता है कि जब शरत्चन्द्र की पहली कहानी 'बड़ी दीदी' लेखक की अनुमति के बिना छपी। तब अधिकतर लोगों ने यह समझा कि ऐसा उत्कृष्ट लेखन रवि बाबू के अलावा कोई और नहीं कर सकता। उन्होंने किसी छद्म नाम से अपनी कहानी छपने को दी है। ज्ञात हो कि उस समय तक शरत्चन्द्र ने बहुत-सी कहानियाँ लिखकर अपने आत्मीयजनों के पास छोड़ रखी थीं। 'बड़ी दीदी' की चर्चा और रवींद्रनाथ से उसकी प्रशंसा पाकर ही उनके भीतर विश्वास का संचार हुआ। हालाँकि उसके बाद भी बहुत दिनों तक वे गुमनामी में रहे।

बांग्ला साहित्य में शरत्चन्द्र का न केवल अप्रत्याशित आगमन हुआ बल्कि उन्होंने रवींद्रनाथ से अपनी अलग पहचान बनाई। और जल्द ही अपने चरित्र निर्माण और कथा कहने के अंदाज़ के कारण लोगों के आदर के पात्र बन गए। लेकिन यह कोई एक दिन में घटी घटना नहीं थी। इसके पीछे जीवन को उसकी आखिरी बूँद तक जी लेने की उद्दाम जिजीविषा थी। किसी रचनाकार का खुद का जीवन उसकी कलात्मकता और जीवन-दृष्टि को किस हद तक प्रभावित करता है शरत्चन्द्र इसके उदाहरण हैं। इस समूचे प्रसंग को विष्णु प्रभाकर जी ने जिस शोधपरकता और साथ ही कलात्मकता के साथ रखा है उसकी तुलना नहीं हो सकती। जीवनी साहित्य में प्रामाणिकता को समेट लेने की चाह में लेखक अक्सर उसकी पठनीयता की अनदेखी कर जाता है। इसका मुख्य कारण यह होता है कि जीवनी किसी महान और चर्चित व्यक्ति की ही लिखी जाती है। जीवनीकार को इसका एहसास होता है कि उसके पाठक की

जिज्ञासा का शमन करना ही उसका उद्देश्य है। लेकिन *आवारा मसीहा* लिखते समय विष्णु प्रभाकर जी ने ऐसी किसी आसानी का सहारा नहीं लिया है। उन्होंने पठनीयता और शोधपरकता दोनों के संतुलन का पर्याप्त ध्यान रखा है। यह जीवनी मूलत: अनुसंधान ही है। पत्र, संस्मरण, वक्तव्य, उन जगहों की यात्राएँ जहाँ शरत्‌चन्द्र ने अपना जीवन बिताया, मूल साहित्य सबका यथोचित उपयोग किया गया है लेकिन संदर्भ-सूची को समृद्ध करने के लिए नहीं। यह दिखाने के लिए कि रचनाकार अपनी रचनाओं में प्रत्यक्ष या परोक्ष रूप में कैसे उपस्थित होता है और दोनों के पारस्परिक संबंध की बारीकियों को खोलने के उपकरण कैसे होने चाहिए? आश्चर्य की बात तो यह है कि *आवारा मसीहा* को लिखने का समय ठीक वही है जब यूरोप में पाठ से लेखक को बर्खास्त करने की मुहिम चरम पर थी।

मैं *आवारा मसीहा* की विशिष्टता और उसकी रचना-प्रक्रिया पर अपनी बात कहने की अपेक्षा इसमें उठाए गए अथवा संकेतित कुछ विशिष्ट पहलुओं पर अपने को केंद्रित करूँगा।

सबसे पहली बात जो मुझे इस जीवनी में महत्त्वपूर्ण लगती है वह यह कि हर लेखक या कि कलाकार अपने परिवेश की उपज होता है। अपने परिवेश से उसके संघर्ष का जो भावात्मक या कि वैचारिक लगाव होता है वही उसकी रचना का आधार बनता है और उसकी जीवन-दृष्टि भी। यदि शरत्‌चन्द्र का जीवन वैसा नहीं होता जैसा *आवारा मसीहा* में वर्णित है तो क्या उनका लेखन भी ठीक वही होता जैसा कि दिखाई पड़ता है? विष्णु प्रभाकर ने शरत्‌चन्द्र का जो जीवन *आवारा मसीहा* के आरंभिक पृष्ठों में उपलब्ध कराया है उससे साफ़ पता लगता है कि उन्होंने एक बनी-बनाई जीवनशैली को अस्वीकार कर दिया था। यानी वे उस अर्थ में दुनियादार नहीं थे, जैसा कि किसी भी सामान्य व्यक्ति से अपेक्षा की जाती है। उन पर किसी पर निर्भर होने का दुख, माँ की संवेदनशीलता और पिता के लगातार असफल और उपेक्षित रहने का भीषण असर हुआ था। इस कारण वे लगातार उस भद्रवर्गीय वातावरण से विद्रोह करते रहे जिससे समझौता करके वे एक आम जीवन जी सकते थे। इसमें उनकी बाल-सुलभ बदमाशियों से लेकर किशोर वय की वे तमाम घटनाएँ शामिल हैं, जो उनके व्यक्तित्व

का निर्माण करती हैं। आगे चलकर नौका-विहार, दुस्साहस, शराबखोरी और वेश्या-गमन जैसी अनेक घटनाएँ इससे जुड़ती चली जाती हैं। इसे बंगाल के भद्रवर्गीय संस्कारों के प्रति शरत्चन्द्र का अराजक विद्रोह भी कह सकते हैं। एक तरफ़ यदि यह विद्रोह था तो दूसरी तरफ़ दुनिया को जानने की तीव्र ललक भी उनके भीतर थी। इसके लिए अपने ही नहीं दूसरों के जीवन को महसूस करने से लेकर संगीत, चित्र, विज्ञान, शरीर-शास्त्र सब कुछ का भावन वे एक साथ ही कर रहे थे। इस लिहाज़ से उनका बर्मा का जीवन विशेष उल्लेखनीय है। विष्णु जी ने इसका स्पष्ट उल्लेख किया है कि बर्मा की अपनी छोटी-सी नौकरी के बावजूद उन्होंने लगभग दस से बारह घंटे तक अध्ययन के लिए रख छोड़ा था। और इसमें दुनिया के तमाम ज्ञान-शास्त्र और साहित्य शामिल थे। अनुभव की जीवंतता और अध्ययन से उसके मिलान की अनुकूलनता और प्रतिलोम की तार्किकता ने शरत्चन्द्र को अपनी कथात्मक कृतियों के चरित्र गढ़ने में जो सूक्ष्मता प्रदान की, वह बांग्ला साहित्य में सर्वथा अनोखी घटना थी। अक्सर पाठक कलाकृति में अभिव्यक्त संसार में इतना डूब जाता है कि उसके पीछे की तैयारियों को विस्मृत कर देता है। विष्णुजी उन तैयारियों के प्रति शरत्चन्द्र के पाठकों को सचेत करते हैं।

लेकिन इसका अर्थ यह नहीं है कि लेखक अपने परिवेश को हू-ब-हू अपनी कृतियों में दर्ज करता चलता है। शरत्चन्द्र अपने परिवेश से संघर्ष और संवाद की उपज थे, उसका उल्था करने वाले लाचार लेखक नहीं। *आवारा मसीहा* में ही एक घटना का उल्लेख है। एक विद्यार्थी जब उनसे यह सवाल करता है—लोग कहते हैं, *श्रीकांत* आपकी जीवनी है, क्या यह सत्य है? तो शरत्चन्द्र कहते हैं—उपन्यास लिखने बैठने पर कोई हू-ब-हू अपनी कथा नहीं लिखता। उसी तरह अपने को छोड़कर कोई सार्थक सृष्टि भी नहीं होती। जीवन और कृतित्व के बीच की पारस्परिकता और दूरी को लेकर विष्णु जी ने भी कुछ इसी तरह लिखा है, अनेक घटनाओं को उन्होंने अपनी सुविधा के अनुसार परिवर्तित भी कर दिया है। उनकी लेखनी के चमत्कार ने उन्हें इतना मनोरम बना दिया है कि सत्य क्या है इसका पता लगा लेना असंभव हो गया है। अपनी प्रकृति का स्वयं चित्रण करना दुस्तर कार्य है। किसी भी वस्तु को अच्छी तरह देखने के लिए, अच्छी तरह जानने के लिए कुछ

दूरी और अलगाव अत्यंत आवश्यक है। आँख के सबसे पास रहने पर क्या उसको सबसे अच्छी तरह देखा जा सकता है? एक चित्रकार के लिए अपनी आकृति आँकना जितना कठिन है, लेखक के लिए अपना चित्रण करना उतना ही कठिन है।

दूसरी बात जो मुझे महत्त्वपूर्ण लगती है वह है बंगाली समाज से हिन्दी समाज की तुलना। यदि जीवन के स्तर पर शरत्चन्द्र से निराला की तुलना करें तो बहुत कुछ समानता मिल सकती है। लेकिन बंगाली समाज ने जो स्नेह शरत्चन्द्र को दिया, निराला उससे अछूते ही रहे। शरत्चन्द्र अपने अंतिम दिनों में कीर्ति के शिखर पर थे और निराला विक्षिप्तता की स्थिति तक पहुँच गए थे। क्या इससे यह नहीं ध्वनित होता कि हिन्दी समाज में आधुनिकता की अंतर्लय में कहीं बहुत बड़ी खोट रह गई थी? आधुनिक बांग्लाभाषी समाज की चेतना के निर्माण में राममोहन राय से लेकर रवींद्रनाथ तक की भूमिका अत्यंत महत्त्वपूर्ण है। पश्चिम और पूर्व के सतत् संघर्ष और संवाद ने इसे निर्मित किया था। समाज, राजनीति और साहित्य इसके तीन छोर थे और इन तीनों ही छोरों का आपसी संवाद जग-ज़ाहिर है। शरत्चन्द्र को यह पृष्ठभूमि विरासत में मिली थी। अपने लेखन से उन्होंने इसमें नए अध्याय जोड़े, जबकि आधुनिक हिन्दी समाज के निर्माण की शुरुआत भारतेन्दु से होती है। और यह मूलत: साहित्यिक ही रही। साहित्य, समाज और राजनीति के क्षेत्र में जो भी काम हुए वे महत्त्वपूर्ण थे या नहीं, मुद्दा यह नहीं है। मुद्दा यह है कि उनमें समानता के स्तर पर पारस्परिक संवाद की स्थिति कभी भी नेतृत्व की भूमिका में नहीं रही। (हिन्दी समाज ने संवाद की इस न्यूनता का परिणाम भुगता और आज भी भुगत रहा है।) आधुनिकता के प्रति इस ऐतिहासिक तैयारी के कारण बंगाली समाज में नवाचार को स्वीकार करने का साहस जन्म ले चुका था। शरत्चन्द्र की स्वीकार्यता इसका उदाहरण है। वे जब बर्मा से बंगाल आए, उनके नाम का यश फैल चुका था। लेकिन वे इस उपलब्ध यश को लेकर संतुष्ट नहीं हो गए। उन्होंने नए जोखिम उठाए। चरित्रों का नया संसार खड़ा किया और ऐसी उपेक्षित और बहिष्कृत दुनिया तक भी गए जिसका ज़िक्र तक भी भद्रवर्गीय समाज में अनैतिक माना जाता है। बाद में वे राजनीतिक रूप से सक्रिय हुए। गाँधी पर अगाध श्रद्धा के बावजूद उनकी आस्था गरम दल के प्रति अधिक थी। उनका जो राजनीतिक दर्शन था वो उस

दौर के उपन्यासों में फलीभूत भी हुआ। *पथेर दाबी* इस दृष्टि से उल्लेखनीय है। शरत्चन्द्र की राजनीतिक सक्रियता और लेखन की गंभीरता को जिस सूक्ष्म दृष्टि से प्रभाकरजी ने रखा है वह शरत्चन्द्र ही नहीं बांग्ला साहित्य और समाज को जानने के लिहाज़ से भी दिलचस्प है।

यहाँ यह ध्यान देना चाहिए कि बंगाली लेखकों ने तत्कालीन राजनीति से किनारा नहीं किया। उस समय के राजनीतिज्ञों से लगातार संवाद किया। अपनी सहमति और मतभेदों को रखने में कोताही नहीं बरती और समाज में उनकी बात ध्यान से सुनी भी गई। प्रकारांतर से यह कहना होगा कि रवींद्रनाथ ठाकुर, शरत्चन्द्र या दूसरे बंगाली लेखकों और बंगाली समुदाय के बीच जीवंत और पारदर्शी रिश्ता था। पत्र-पत्रिकाएँ, प्रकाशन-गृह, संपादन, साहित्यिक आयोजन और गोष्ठियाँ इसमें सहायक थीं। यानी आधुनिकता को स्थापित करने में जिन संस्थाओं ने अपना योगदान दिया था, वे घनिष्ठ रूप से संबद्ध भी थीं। अन्यथा गुमनामी में जी रहे किसी लेखक की पहली कृति से गुज़रने और उसके आस्वाद से परिचित होने के बाद शरत्चन्द्र को जानने और तलाशने की जिज्ञासा उस समाज के सामान्य और विशिष्ट लोगों के भीतर समान रूप से नहीं पैदा होती।

तीसरी बात जो मुझे सबसे अधिक महत्त्वपूर्ण लगती है वह यह कि शरत्चन्द्र के आचरण को लेकर सवाल उनके जीवनकाल में भी लगातार उठते रहे। उन्हें वेश्यागामी, अनैतिक और गैरज़िम्मेदार तक कहा जाता रहा। लेकिन शरत्चन्द्र ने कहीं भी उनका खंडन नहीं किया बल्कि, विष्णुजी ने दिखाया है कि, कई बार खुद अपने बारे में तमाम तरह के प्रमाद फैलाते रहे और उसका मज़ा भी लेते रहे। वे शायद इस बात पर विश्वास करते थे कि रचनाकार को अपने लेखन के लिए ही खुद को खर्च करना चाहिए। रचना से बाहर उसे हिसाब देने की अधिक ज़रूरत नहीं। यद्यपि रवींद्रनाथ से अपने मतभेदों को व्यक्त करने में उन्होंने बिलकुल परहेज़ नहीं किया। यानी जो आरोप मुद्दा आधारित थे उनका प्रतिवाद तो किया लेकिन जो निहायत व्यक्तिगत कारणों से लगाए जा रहे थे उन पर कान ही नहीं दिया। ऐसे उदासीनतापूर्ण दुस्साहस को जी पाना आसान नहीं होता।

अंत में बस इतना ही कि *आवारा मसीहा* यद्यपि महान कथाकार शरत्चन्द्र की जीवनी है। लेकिन यह खुद किसी महान उपन्यास से कम नहीं लगती। इसमें चरित्र (शरत्चन्द्र) की जीवंतता, घटनाओं की विचित्रता, औत्सुक्यता और फैलाव के अलावा लेखक (विष्णु प्रभाकर) के कहने का कौशल, सब कुछ संतुलित मात्रा में है। इसलिए यह जीवनी आज भी उतनी ही रुचि के साथ पढ़ी जाती है।

नारी और नैतिकता : *आवारा मसीहा के संदर्भ में*

रेणु व्यास[*]

'नैतिकता' एक अमूर्त प्रत्यय है। एक ही कर्म देश और काल के भेद से स्पृहणीय या अस्पृहणीय हो सकता है; नैतिक या अनैतिक हो सकता है। कभी 'आतंकवादी' कहा जाने वाला व्यक्ति, आज शहीद बन सकता है। किसी मनुष्य को मारने वाला हथियारबन्द व्यक्ति देश-काल के भेद से देशभक्त सिपाही या हत्यारा या आतंकवादी भी माना जा सकता है। हर कर्म संदर्भ के अनुसार परिभाषित होकर नैतिक या अनैतिक बनता है।

नैतिकता की अवधारणा की इस सापेक्ष और अमूर्त दुनिया में एक ऐसा मूर्त प्रत्यय भी है, जिस पर देश-काल का असर बहुत कम पड़ा है, वह है— नारी का शरीर। मानो दुनिया के सभी धर्मों, सभी संस्कृतियों की नैतिकता का वही वाहक हो और उसे कथित रूप से शुद्ध, पवित्र और शत्रुओं से बचाकर अपने अधिकार में बनाए रखना ही सभी धर्मों और संस्कृतियों में नैतिकता की रक्षा का प्राथमिक और अंतिम उपाय हो। ज्ञानयोग, कर्मयोग और भक्तियोग के महान् ग्रंथ *गीता* में भी आत्मा की अनश्वरता और स्थितप्रज्ञता के दार्शनिक विवेचन के बीच पितृ-सत्ता ने स्त्री-शरीर के प्रति अपना कुंठित नैतिक दृष्टिकोण घुसा दिया है—

अधर्माभिभवात्कृष्ण प्रदुष्यन्ति कुलस्त्रिय:।
स्त्रीषु दुष्टासु वार्ष्णेय जायते वर्णसंकर:।।[1]

---

[*]रेणु व्यास राजस्थान विश्वविद्यालय में सहायक आचार्य हैं। दिनकर पर शोध कर चुकी हैं : इनकी कई पुस्तकें प्रकाशित हो चुकी हैं।

1. *श्रीमद्भगवद्गीता,* प्रथम अध्याय, श्लोक संख्या—41

मानो अधर्म अर्थात् अनैतिकता के बढ़ जाने का एकमात्र पैमाना स्त्रियों की दूषित योनि हो।

कभी-कभी तो यह संदेह होने लगता है कि ज्ञात-अज्ञात इतिहास में गुफावासी मानव से लेकर अब तक चिरन्तन मनुष्य की जय-यात्रा, कहीं मात्र नर मनुष्य अर्थात् चिरन्तन पुरुष की जय-यात्रा तो नहीं? या इसके साथ-साथ मादा मनुष्य अर्थात् चिरन्तन नारी की पराजय यात्रा भी तो नहीं? नर मनुष्य के विजय-रथ के पहिए क्यों नारी मनुष्य के शरीर, मन और आत्मा को रौंदते हुए आगे बढ़े हैं? क्यों मनुष्य में नारी शामिल नहीं है? ऐसी विडम्बना न होती तो ख़ुद को 'सब पतितन को टीको' या 'कुटिल', 'खल', 'कामी' घोषित करना किसी संत की पदवी पाये संत की विनम्रता की तरह क्यों देखा जाता और 'कुल की कानि' छोड़ने वाली महिला संत को 'दारी रांड' का संबोधन क्यों मिलता? पितृ-सत्ता ने धर्म-सत्ता और राज-सत्ता के सहयोग से इस भेदभावकारी परम्परा को जारी रखने की बराबर कोशिश की है। स्त्रियाँ ऐसी सर्वहारा हैं, जिनके पास खोने के लिए आँखों के पानी के अलावा कुछ नहीं है। 'स्त्री', 'स्त्रीत्व' अवधारणाएँ स्वयं पितृ-सत्तात्मक संस्कृति द्वारा बनाई गई हैं, जिनमें उसका मनुष्यत्व कैद होकर रह गया है। इसलिए विडम्बना यह भी है कि—स्त्री ही एक ऐसी गुलाम है जो अपने मालिक के प्रति कृतज्ञ रहती आई है।[2] क्या यह भी सिर्फ़ संयोग है कि हिन्दी में 'पति' और बांग्ला में इसके समानार्थक 'स्वामी' शब्द का एक अर्थ मालिक भी हो होता है, शायद यह इस रिश्ते की सामाजिक विषमता का भी बोधक है।

स्त्रियों का अपना कोई इतिहास नहीं है। स्त्रियों के अपने पैगम्बर भी नहीं हैं, न ही कोई पोप, खलीफ़ा या शंकराचार्य! इसलिए अब तक के कथित इतिहास, धर्म और संस्कृति अर्थात् पितृसत्ता द्वारा निर्धारित नैतिकता ने उसकी लक्ष्मण रेखा से जरा भी स्खलन से स्त्री-शरीर के कथित रूप से अपवित्र होने या उसके अपवित्र होने की आशंका मात्र से इन इतिहास, धर्म और संस्कृति समेत सारी पितृ-सृष्टि नैतिक-प्रलय को कल्पित करने लगती है। 'लव-जिहाद' जैसे मुद्दे इसी असुरक्षा-ग्रंथि के कारण कल्पित किए जाते हैं। वह स्त्री

---

2. प्रभा खेतान, *उपनिवेश में स्त्री*, राजकमल प्रकाशन, पृ. 86

इस संसार और परिवार में ही नहीं (यदि मज़बूत मनोबल वाली न हुई तो) खुद अपनी नज़र में भी आदर-सम्मान ही नहीं, अपनी अस्मिता, अपना सब-कुछ खो देती है। नैतिकता और पवित्रता की इसी देहग्रस्त परिभाषा के कारण अपना चेहरा छुपाने को मजबूर बलात्कार की शिकार स्त्री सामाजिक-बहिष्कार झेलती है और अपराधी खुलेआम घूमता है। नैतिकता की इन रूढ़िबद्ध धारणाओं को नकारते हुए शरत्चन्द्र ने अपने जीवन और कृतियों में पतिता कही जाने वाली नारियों को मानवीय गरिमा दी है। यह प्रयास स्त्री-विमर्श का एक प्रस्थान हो सकता है।

आज जब कथित अप-संस्कृति के हमले से आक्रांत जाति, धर्म, संस्कृति और नैतिकता की स्वयंभू पहरेदार पुलिसिया-गैर पुलिसिया शक्तियाँ, कथित रूप से अपने-अपने अधिकार-क्षेत्र में मानी जाने वाली बच्चियों और स्त्रियों के कपड़ों के प्रकार, उन कपड़ों की लंबाई, उन बच्चियों और स्त्रियों के पढ़ने या खेलने के अधिकार, उनके प्रेम करने और अपनी पसन्द से विवाह के अधिकार पर अपने धौंसिया वीटो का प्रयोग कर रही हों; तब इस प्रश्न पर पुनर्विचार आवश्यक हो जाता है कि क्या शरत्चन्द्र के एक शताब्दी बाद के युग में भी हमारी नैतिकता की रक्षा इसके एकमात्र आलम्बन स्त्री-शरीर की कथित रक्षा अर्थात् उस पर पितृ-सत्ता के पूर्ण नियंत्रण से ही होगी? स्त्रियों को नियंत्रित करने की यह हड़बड़ी कहीं इसलिए तो नहीं कि आज उनके नियंत्रणकारी घेरे को वे तोड़ रही हैं, उससे बाहर निकल रही हैं?

पितृ-सत्ता के दो रूपों में से एक—सामंती और पारंपरिक समाज ने इस स्त्री-शरीर को रक्षणीय समझा और दूसरे पूँजीवादी समाज ने विक्रयणीय। पति की चिता पर ज़िन्दा जलती स्त्री हो या ब्लेड-रेज़र बेचने के लिए कामुकता बिखेरती स्त्री; युग बदलने के बावजूद क्यों 'स्त्री' की अवधारणा के इन दोनों रूपों के केन्द्र में उसका शरीर रहता है? मानो स्त्री-शरीर वस्तुओं को बेच रहा है और वस्तुएँ उसे। स्त्री के शरीर पर उसका अपना अधिकार हो, यह युगानुकूल प्रगतिशील विचार है। परन्तु इसके साथ ही यह भी ज़रूरी है कि वह अपने आपको मात्र शरीर में बदलने के हर प्रयास का विरोध करे। 'यौन दासत्व' हो या 'यौन स्वच्छंदता में मुक्ति' का विचार, दोनों 'स्त्रीत्व' की विकृत परिभाषाएँ

हैं। ये दोनों ही नारीत्व का पर्याय नहीं हैं। नारी का शरीर न तो सामंती पितृ-सत्ता की जागीर है और न ही वाणिज्यिक पूँजीवादी पितृ-सत्ता का यौन-उपनिवेश। वास्तव में शरीर की दृष्टि से स्त्री को परिभाषित करना ही उसे पुरुष के सापेक्ष परिभाषित करने की ओर ले जाता है। यह उस जीती जागती इकाई के वस्तुकरण की कोशिश है।

स्त्री के शरीर पर सामंती पितृ-सत्ता का अधिकार और नियंत्रण हो या नहीं? इस प्रश्न को बड़ी चालाकी से इस प्रश्न में बदला जा रहा है कि स्त्री अपने शरीर की कामुक छवि को बेचने के लिए स्वतंत्र है या नहीं? स्त्री की अस्मिता के समक्ष इससे बड़ा प्रश्न, उसके शरीर से परे उसके नारीत्व का है, उसके मनुष्यत्व का है। वास्तव में 'नारीत्व', 'मनुष्यत्व' से भिन्न वस्तु नहीं है, उसी का एक रूप है। उसे शारीरिक रूप से या यौन रूप से परिभाषित करना, उसे सीमित करना है।

आधुनिक युग में कई लेखकों (जिनमें कई स्त्रियाँ भी शामिल हैं) ने स्त्रियों से संबंधित प्रश्नों को अपनी रचनाओं में स्थान दिया है। स्त्री-विमर्श के भी एक भरे-पूरे दौर का साक्षी हमारा अपना ही समय रहा है। परन्तु अस्मिता-विमर्शों के इस दौर में शरत् का स्त्री-स्वर आज भी प्रासंगिक है। विष्णु प्रभाकर भी *आवारा मसीहा* में मानते हैं कि शरत् साहित्य की रीढ़, नारी के प्रति उनका दृष्टिकोण है।[3] शरत्चन्द्र का नारी जाति को अमूल्य दाय—अपने जीवन और कथा साहित्य में 'नारीत्व' को 'सतीत्व' से पृथक् करना है। उनका विशिष्ट योगदान 'सतीत्व' अर्थात् नारी की शारीरिक या यौन पवित्रता के स्थान पर उसके नारीत्व और उसके मनुष्यत्व को प्रतिष्ठित करना है। इलाचन्द्र जोशी से हुई बातचीत में शरत्चन्द्र इसी को स्पष्ट करते हैं—

''मैं मानव धर्म को सती धर्म के बहुत ऊपर स्थान देता हूँ। सतीत्व और नारीत्व दोनों समान नहीं हैं। नारी हृदय की मंगलमयी करुणा, उसकी जन्मजात मातृ वेदना, उसके सतीत्व से कहीं अधिक महत्त्वपूर्ण है। बहुत-सी स्त्रियाँ मैंने ऐसी देखी हैं, जिनका दूसरे पुरुष से किसी प्रकार का शारीरिक या मानसिक संबंध नहीं रहा, तथापि उनके स्वभाव में अत्यन्त नीचता, घोर संकीर्णता, विद्वेष

---

3. विष्णु प्रभाकर, *आवारा मसीहा*, राजपाल एंड सन्ज़, पृ. 294

भावना और चौरवृत्ति पाई गई है। इसके विपरीत ऐसी पतिताओं से मेरा परिचय रहा है, जिनके भीतर मैंने मातृ हृदय की नि:स्वार्थ ममता और करुणा का अथाह सागर उमड़ता हुआ पाया है।''[4]

शरत् की निबन्धात्मक रचनाएँ *नारी का मूल्य* और *नारी का इतिहास* शरत् का स्त्री-विमर्श है। इनमें व्यक्त विचारों को शरत् के प्रतिनिधि विचार माने जा सकते हैं, क्योंकि यहाँ ये विचार उपन्यास/कहानियों के पात्रों की किसी भी तरह की पारिस्थितिक बाध्यता से मुक्त हैं। *आवारा मसीहा* में इन निबन्धों का सार्थक उपयोग शरत् के नारी, नारीत्व और सतीत्व संबंधी विचारों को स्पष्ट करने के लिए किया गया है। शरत् का अपना जीवन भी स्त्रियों के प्रति उनकी निजी मानवीय सहानुभूति को ही प्रतिपादित करता है।

शरत् की एक बाल विधवा मुँहबोली बहन जो सेवाभाव के कारण सारे गाँव के स्नेह की पात्र थी, एक स्खलन के कारण गाँव के तिरस्कार का पात्र हो गई। इस घटना के प्रत्यक्ष अनुभव से, बचपन से ही शरत् ने सतीत्व और नारीत्व में अंतर करना सीख लिया। बचपन से ही अर्जित इस मानवीय संवेदना के कारण शरत् ने बंकिमचन्द्र को अपने उपन्यास में आदर्श की रक्षा के नाम पर विधवा रोहिणी की हत्या दिखाने के लिए उन्हें क्षमा नहीं किया।[5]

'नारी का शरीर ही सब कुछ है, उसका अन्तर क्या कुछ भी नहीं है? यह बाल विधवा जवानी की दुस्सह ताड़ना से अपनी देह को पवित्र नहीं रख पाई तो क्या उसके अंतर के सारे गुण झूठे पड़ जायेंगे? मनुष्य का सच्चा रूप हमें किस बात में मिलता है? उसकी देह के आवरण में या उसके अंतर के आचरण में? आप ही बताएँ! इसीलिए सतीत्व और नारीत्व को पृथक् दिखाने के लिए बाध्य हुआ हूँ।'[6] क्या यह बात आश्चर्यजनक नहीं है कि 'सतीत्व' के बरअक्स किसी पुरुष के लिए नैतिकता का शरीर-केन्द्रित मानदण्ड किसी 'सतात्व' की अवधारणा दुनिया के किसी समाज में नहीं है? नैतिकता के ये दोहरे मानदण्ड ही 'स्त्री' की अस्मिता को उसके शरीर तक सीमित कर, उसे 'कुलटा' या 'देवी'

---

4. वही, पृ. 295
5. वही, पृ. 84
6. वही, पृ. 295

का दर्जा तो दे सकते हैं, पर उसे मनुष्य की गरिमा देने से इंकार करते हैं। परन्तु शरत् मनुष्य को मनुष्य होने के नाते प्यार करते हैं। वे उसके बाहरी रूप को ही उसका असली परिचय नहीं मानते।[7] *आवारा मसीहा* की भूमिका में विष्णु प्रभाकर शरत् को उद्धृत करते हुए इसी मानवीय गरिमा को रेखांकित करते हैं—

'मैं अपनी रचना के द्वारा मनुष्य का अपमान नहीं करना चाहता। पुरुष हो या स्त्री, गिरकर उठने का रास्ता सबके लिए खुला रहना चाहिए।'[8]

स्त्रियों समेत प्रत्येक मनुष्य के लिए आकांक्षित यह मानवीय गरिमा ही वह उभयनिष्ठ धरातल है, जहाँ विष्णु प्रभाकर और शरत्चन्द्र मिलते हैं। प्रत्येक मानव के भीतर के शुभत्व के प्रति विश्वास ही वह शक्ति है, जिससे विष्णु प्रभाकर एक आवारा लड़के से आरंभ शरत् के जीवन को, पीड़ित आधी मानवता अर्थात् स्त्रियों (जिनमें पतिता कही जाने वाली स्त्रियाँ भी शामिल हैं) के मसीहा के रूप में इतनी सहजता से देख पाते हैं। *धरती अब भी घूम रही है* जैसी कहानी से मासूम बच्चों के माध्यम से विष्णु प्रभाकर समाज की जिस नैतिक विडम्बना को प्रकट करते हैं, *आवारा मसीहा* के माध्यम से भी समाज की रूढ़ नैतिकता के मानदण्डों को शरत् के जीवन और रचना-कर्म के बहाने प्रश्नांकित करते हैं।

महात्मा गाँधी, जिनसे विष्णु प्रभाकर गहराई तक प्रभावित रहे हैं, 25.11.26 के *यंग इंडिया* में इसी पितृ-सत्तात्मक प्रवृत्ति को मानसिक अस्वस्थता का सूचक मानते हैं—

'और स्त्रियों की पवित्रता के विषय में पुरुष मानसिक अस्वस्थता की सूचक इतनी चिन्ता क्यों दिखाते हैं? क्या पुरुषों की पवित्रता के विषय में स्त्रियों को कुछ कहने का अधिकार है? पुरुषों के शील की पवित्रता के विषय में हम स्त्रियों को तो कोई चिन्ता करते हुए नहीं सुनते। स्त्रियों के शील की पवित्रता के नियमन का अधिकार अपने हाथों में लेने की इच्छा पुरुषों को क्यों करनी चाहिए? पवित्रता ऐसी कोई चीज़ नहीं है, जो ऊपर से लादी जा सके। वह तो भीतर से विकसित होने वाली और इसलिए वैयक्तिक प्रयत्न से सिद्ध होने वाली चीज़ है।'[9]

---

7. वही, पृ. 69
8. वही, पृ. 13
9. *मेरे सपनों का भारत*, गाँधीजी, नवजीवन प्रकाशन मंदिर अहमदाबाद, संस्करण–फरवरी 2011, पृ. 240

गाँधी जी ने पीड़ित मानवता की तलाश अछूत समझे जाने वाले लोगों की बस्तियों में उनके बीच रहकर की और शरत् ने बदनाम कही जाने वाली गलियों में। दोनों ने अमानवीय परिस्थितियों में रहने वाले लोगों में मानवीयता की तलाश की।

एक ही युग के तीन व्यक्ति—शरत्, महात्मा गाँधी और विष्णु प्रभाकर— क्या नारी और नैतिकता के सदियों से रूढ़ियों में जकड़े ढाँचे को ही चुनौती दे रहे हैं? शरत् नैतिकता को नारी-शरीर की यौन पवित्रता से अलग करके, परे हटा कर देखना चाहते हैं, महात्मा गाँधी नैतिकता या पवित्रता को शारीरिक स्तर से ऊपर मन और आत्मा की उदात्त वस्तु बनाना चाह रहे हैं और विष्णु प्रभाकर इन दोनों को सहृदयतापूर्वक समझने की कोशिश कर रहे हैं। महात्मा गाँधी पुरुष शरीर के होते हुए भी अपनी पालित पौत्री के लिए 'बापू' की बजाय 'बा' बनना चाहते हैं; या यों कहें कि एक जेंडर-लेस या अयौनिक स्थिति में स्वयं को लाना चाहते हैं। इसी प्रकार शरत् भी अपनी रचनाओं में स्त्री के दु:ख और पीड़ा को स्त्री होकर समझने की कोशिश करते दिखाई देते हैं। *नारी का मूल्य* और *नारी का इतिहास* इसके उदाहरण हैं। शरत् के भीतर के कलाकार का नारीत्व दिनकर की इन पंक्तियों में व्यक्त किया जा सकता है—

तुम कहते हो मर्द, मगर, मन के भीतर

वह कलावन्त हमसे भी बढ़कर नारी था।[10]

स्त्री-हृदय के मर्मज्ञ शरत् की साहित्य-कला की साधना, अप्रत्यक्षत: नारीत्व को उसके शरीर के घेरे से बाहर निकालकर, उसके मन और आत्मा तक पहुँचने की साधना भी थी। शरत् के कथित आवारापन ने भी उन्हें वह सुविधा दी, जिससे वे नैतिकता के बंद घेरों के बाहर निकलकर सोच सकें। अपने उपन्यासों, कहानियों के चरित्रों का निर्माण व्यक्तिगत अभिज्ञता से अपने जाने-पहचाने लोगों में से करने के कारण ये चरित्र और अधिक प्रभावशाली बनकर उभरे हैं। शायद विधाता ने आवारा जीवन का संयोग उनके जीवन में इसीलिए रखा कि वे हाशिये पर रहने वाली, पतित और तिरस्कृत मानी जाने वाली स्त्रियों को अपनी रचनाओं में वाणी दे सकें।

---

10. *नीलकुसुम*, रामधारी सिंह दिनकर, पृ. 38

सीमोन द बोउवार *स्त्री: उपेक्षिता* (The Second Sex) में लिखती हैं, 'स्त्री पैदा नहीं होती, बल्कि उसे बना दिया जाता है।' इसी प्रकार *आवारा मसीहा* से पता चलता है कि 'सती' पैदा नहीं होती, बनाई जाती है। आजीवन शरत् की कोमल भावनाओं की आलम्बन रहीं बाल विधवा निरुपमा देवी का त्याग-तपस्या, पूजा-पाठ की अधिकता से शुष्क जीवन, उनके अपने चुनाव से ज़्यादा समाज की निर्मिति था। शरत् बार-बार कहते हैं कि विधवा होना ही नारी जीवन की चरम हानि और सधवा होना ही सार्थकता है—इन दोनों में से कोई सत्य नहीं है।[11] शरत् के उपन्यास *शेष प्रश्न* की नायिका कमल भी विवाह को जीवन की अनेक घटनाओं में से एक मानते हुए यही कहती है कि उसी को जिस दिन से नारी का सर्वस्व मान लिया गया, उसी दिन से स्त्रियों के जीवन की सबसे बड़ी त्रासदी शुरू हो गई।

साथ ही उल्लेखनीय है कि शरत् एकनिष्ठ प्रेम और सतीत्व को भी एक ही वस्तु नहीं मानते। यह भी उनकी एक मौलिक नैतिक अवधारणा है जो आज भी प्रासंगिक है।[12] अधर्म में छिपे धर्म और धर्म में छिपे अधर्म को पहचानने की दृष्टि शरत् के पास है।

नारी का इतिहास में शरत् का यह निष्कर्ष भी उल्लेखनीय है कि 'पतिता' कही जाने वाली स्त्रियों में अधिकांश विवाहित स्त्रियाँ हैं, विधवाएँ नहीं।

''इस बात को असंदिग्ध रूप से जान सका कि जो कुल त्याग करके आती हैं, उनमें अस्सी प्रतिशत प्राय: सधवाएँ हैं, विधवाएँ बहुत ही कम हैं। पति के जीवित रहने से ही क्या और कड़े पहरे में रखने से ही क्या? और विधवा होने से ही क्या? अनेक दुखों से नारी अपना धर्म नष्ट करने के लिए तैयार होती है और जिस लिए होती है वह पर-पुरुष का लोभ नहीं, किसी वीभत्स प्रवृत्ति का लोभ भी नहीं। जब वे इतनी बड़ी वस्तु नष्ट करती हैं, तो बाहर जाकर किसी आश्रय वस्तु को पाने के लोभ से नहीं, सिर्फ किसी बात से अपने को मुक्त करने के लिए ही इस दुख को सिर पर उठा लेती हैं।''[13]

---

11. वही, पृ. 298

12. विष्णु प्रभाकर, *आवारा मसीहा*, राजपाल एंड सन्ज़, पृ. 294

13. वही, पृ. 119

अर्थात् इन स्त्रियों के नैतिक-स्खलन के पीछे यौनाकांक्षा न होकर मुक्ति की आकांक्षा प्रमुख है। यह मुक्ति उन्हें पितृ-सत्तात्मक समाज के बंधनों से चाहिए। इसी कारण बर्मी स्त्रियों को वहाँ के समाज में हासिल स्वाधीनता को शरत् प्रशंसा भरी नज़र से देखते हैं।[14]

शरत् ने अपनी रचनाओं में स्त्री की पीड़ा को भी अभिव्यक्ति दी और कुछ जगह उसके विद्रोह को भी। परन्तु स्त्री की पीड़ा के अंकन में शरत् जितने सहृदय हैं, उतने ही आक्रामक विद्रोही चरित्रों के सन्दर्भ में क्यों नहीं? हालाँकि *श्रीकांत* की 'अभया' एक महत्त्वपूर्ण अपवाद है। इसका कारण क्या है कि वे विधवा-जीवन की पीड़ा को दिखाते हुए हमें आँसुओं से सराबोर कर देते हैं; उसे प्रेम करता हुआ भी दिखाते हैं, पर उसके विवाह को दिखाने का साहस नहीं कर पाते? वास्तव में यह साहस-हीनता शरत् की नहीं, उनके समय के भद्र समाज की है। विधवा का विवाह शरत् की रचनाओं में इसलिए नहीं है, क्योंकि वह शरत् के समय के समाज में नहीं है। शरत् के समाज का यथार्थ यदि वह होता, तो शरत् और निरुपमा देवी के जीवन की दिशा कुछ और ही न होती? सौ साल पहले के शरत् के समकालीन समाज में हरिप्रसाद गोस्वामी जैसे व्यक्ति गृहस्थाश्रम में विधवा की उपयोगिता देव-सेवा आदि कार्य सुसम्पन्न होने तक मानते हैं,[15] पर क्या विधवा-विवाह हमारे आज के तथाकथित आधुनिक समाज की भी व्यापक सच्चाई बन पाया है?

एक बिन्दु, जो स्त्री-विमर्श से शरत् की रचनाओं को अलग करता है, वह यह कि क्यों 'सावित्री', 'राजलक्ष्मी' समेत शरत् के सबसे सशक्त पात्र पितृ-सत्तात्मक समाज की रूढ़ियों से असहमत होते हुए भी, उन्हें तोड़ने के लिए अपेक्षित नैतिक साहस होते हुए भी, उसके विरुद्ध विद्रोह की देहरी तक पहुँच कर भी, विद्रोह करने की बजाय अपने आत्म-बलिदान में जीवन की सार्थकता खोजते हैं और पीछे एक टीस-सी छोड़ जाते हैं? यह उन पात्रों की साहस-हीनता है या स्वयं शरत् की? पात्र तो शरत् की सृष्टि हैं; अत: इस प्रवृत्ति के ज़िम्मेदार भी शरत् ही हुए। इस पलायनवादी प्रतीत होने वाली प्रवृत्ति का

---

14. वही, पृ. 163
15. वही, पृ. 13

कारण क्या हो सकता है ? क्या शरत् समाज की आलोचना और बहिष्कार से डरते थे ? विष्णु प्रभाकर भी एक जगह यह संदेह जताते हैं कि यौवन काल में स्वतंत्र मन के शरत् प्रौढ़ होते-होते आचारवादी हो गए थे ? एक जगह विष्णु प्रभाकर लिखते हैं कि शरत् शास्त्र को स्वीकार करते हैं, पर उसे हृदय से ऊपर नहीं मानते ।[16] दूसरी जगह ख़ुद विष्णु प्रभाकर शरत् को शास्त्रों के पुरुषों के प्रति पक्षपात को प्रश्नांकित करते हुए उद्धृत करते हैं—

''मैं शास्त्र का ज्ञाता होने का दावा नहीं करता । मेरा कोई धर्म नहीं है, पर जो कुछ मैं देखता आ रहा हूँ, उससे लगता है कि शास्त्रों में पुरुषों के लिए किसी कर्तव्य की चर्चा नहीं है । उनके अधिकार ही अधिकार बताए गए हैं । पुरुषों के लिए कुछ वर्जित नहीं, पर किसी युवती का ज़रा-सा पैर फिसल जाए तो फिर उसकी मुक्ति नहीं । ऐसा क्यों ?''[17]

शरत् के व्यक्तिगत जीवन में, अपने जीवन के पूर्वार्द्ध के प्रति रहे संकोच और हीनता के बावजूद ऐसा नहीं लगता कि अपने लगभग पूरे जीवन में सामाजिक बहिष्कार का सामना करने वाले शरत्, अपनी रचनाओं में निंदा, प्रवाद या बहिष्कार के डर से अपनी आत्मा की आवाज़ ही अनसुनी कर दें !

शायद ऐसा है कि उनके पात्र अर्थात् शरत् स्वयं जैनेन्द्र के *त्यागपत्र* की 'मृणाल' की तरह समाज को तोड़ने में विश्वास नहीं करते, पर मृणाल के विपरीत इस कोशिश में स्वयं भी नहीं टूटते और आत्म-त्याग के गौरव के साथ पाठकों के मानस में और महान् बन जाते हैं । हो सकता है कि पात्रों के आत्म-पीड़न से समाज के हृदय में दया उपजाकर उसे बदलने की शरत् की मंशा हो । यह न भी हो, तो भी, विद्रोह न करते हुए भी शरत् के अधिकांश स्त्री-पात्र समाज की अमानवीयता का उद्घाटन कर परोक्ष रूप से तो उसकी रूढ़िवादिता के प्रति विद्रोह न सही, सविनय अवज्ञा न सही, असहयोग तो करते ही हैं!

जब स्त्रियों के दमन के लिए पितृ-सत्ता के हाथ में धर्म-संस्कृति-जाति-परिवार-मर्यादा एक हथियार की तरह इस्तेमाल हो रहे हैं, तब शिवपुर इंस्टीट्यूट

---

16. वही, पृ. 298
17. वही, पृ. 302

में भाषण देते हुए शरत्चन्द्र का मत, जो उनके विचारों का आदर्श प्रतिदर्श है, बहुत प्रेरणादायक है—

''औरतों को हमने जो केवल औरत बनाकर ही रखा है, मनुष्य नहीं बनने दिया, उसका प्रायश्चित स्वराज्य के पहले देश को करना ही चाहिए। अत्यन्त स्वार्थ की ख़ातिर जिस देश ने अब तक केवल उसके सतीत्व को ही बड़ा कर देखा है, उसके मनुष्यत्व का कोई ख़याल नहीं किया, उसे उसका देना पहले चुका देना ही होगा।''[18]

आज आधी मानवता अपनी मानवीय गरिमा सामाजिक, आर्थिक और राजनीतिक क्षेत्रों में अपना हक बराबरी का स्थान पाने के लिए प्रयासरत है। विधायिका में तैंतीस प्रतिशत आरक्षण, अपने व्यक्तिगत जीवन में अपने कपड़ों से लेकर जीवन-साथी चुनने तक की आज़ादी और उसके साथ-साथ घर, परिवार सहित देश और समाज की हर संस्था में निर्णय लेने की क्षमता वाले पदों पर उसका वाज़िब हक प्रदान कर यह देश, यह समाज उन पर सदियों से किए अन्याय का प्रायश्चित कर सकता है। पर ऐसा कब होगा? यह हमारे देश की स्त्रियों की अपने अधिकारों के प्रति चेतना, अपने संघर्ष को लुभावने प्रलोभनों के मोह में वास्तविक मुद्दों से भटकने से बचाने के लिए आवश्यक सजगता और एक समतापूर्ण समाज बनाने के लिए उनकी प्रतिबद्धता और अपना पहला निशाना स्त्री की अस्मिता को बनाने वाली पितृ-सत्तात्मकता, उसके ही विभिन्न रूपान्तरण या सहयोगी-सांप्रदायिकता, जातिवाद, मनुवादी सांस्कृतिक गर्व, बाज़ारी नव-उपनिवेशवाद से संघर्ष-क्षमता पर निर्भर करेगा।

स्त्री-अस्मिता को शरीर-केन्द्रित नैतिकता से बाहर निकालने की शरत्चन्द्र की कोशिश इस संघर्ष में प्रेरणादायक सिद्ध होगी।

---

18. वही, पृ. 213

आवारा मसीहा का रचना सार

लगभग साढ़े तीन सौ से अधिक पृष्ठों में फैली शरत्चन्द्र चटर्जी की सम्पूर्ण जीवनी को विष्णु प्रभाकर ने तीन पर्वों (तीन भागों) में लिखा है। ये पर्व इस प्रकार हैं—1. दिशाहारा 2. दिशा की खोज और 3. दिशांत।

प्रथम पर्व 'दिशाहारा' शीर्षक के अंतर्गत आई मुख्य घटनाएँ निम्न हैं— विदा का दर्द, भागलपुर में कठोर अनुशासन, राजू उर्फ़ इंद्रनाथ से परिचय, वंश का गौरव, होनहार बिरवा, रोबिनहुड, अच्छे विद्यार्थी से कथा-विशारद तक, एक प्रेम-प्लावित आत्मा, वह युग, नाना परिवार से विद्रोह, शरत् को घर में मत आने दो, राजू उर्फ़ इंद्रनाथ की याद, सृजन का युग, 'आलो' और 'छाया', प्रेम की अपार भूख, निरुद्देश्य यात्रा, जीवन मंथन से निकला विष, बंधुहीन, लक्ष्यहीन प्रवास की ओर।

शरत् का बचपन अपने ननिहाल में बीता था। उनके ननिहालवाले गांगुली थे। शरत् के पिता मोतीलाल भावुक और सौन्दर्य प्रेमी व्यक्ति थे जिन्हें दुनियादारी के लिहाज़ से अयोग्य ही कहा जा सकता था। शरत् के दादा किसी बड़े ज़मींदार के दीवान थे। उस ज़मींदार ने उन्हें किसी मुकदमे में झूठी गवाही के लिए बाध्य किया जिससे इनकार करने पर ज़मींदार ने उनकी हत्या करवा दी। ऐसे अनूठे लोगों के संस्कार ग्रहण कर शरत् का व्यक्तित्व आकार ले रहा था, जिसमें सौन्दर्य प्रेम, निर्भीकता, करुणा और ममता के भाव विद्यमान थे। पिता के अव्यावहारिक होने के कारण उनका बचपन कष्टपूर्ण रहा। प्रभाकर जी ने बताया है कि मोतीलाल मानो आकाश में उड़ने वाली रंगीन पतंग थे और भुवनमोहिनी (शरत् की माँ) थीं निरंतर घूमते हुए चक्र के समान सीधी-सादी प्रकृति की महिला। उसका कोमल मन सबके दु:ख से द्रवित हो उठता था।

बचपन में शरत् को कई शौक थे जैसे पशु-पक्षी पालना, बगीचा लगाना। उन्हें पतंग उड़ाना, लट्टू घुमाना, गोली और गिल्ली-डंडा जैसे गांगुली परिवार में निषिद्ध खेल भी प्रिय थे। बाग से अमरूद चुराकर लाने में उन्हें निपुणता हासिल थी। राजू उनका गहरा मित्र बन गया था जो अत्यंत साहसी और लोगों का मददगार था। कहा जाता है कि इसी राजू के चरित्र से प्रभावित होकर शरत् ने श्रीकांत जैसा अमर पात्र रच दिया। राजू की मृत्यु ने उन्हें बहुत खिन्न कर दिया। दरिद्रता का ऐसा हाल था कि कई बार उन्हें भूखा ही सो जाना पड़ता था। मैट्रिक में फ़ीस जमा न करवा पाने से परीक्षा में न बैठ सके। 1895 में ही शरत् की माँ का निधन हो गया। जीवनीकार ने लिखा है—घोर दरिद्रता में इस सरल प्राणा सती माँ ने अपने स्वप्नदर्शी निठल्ले पति के परिवार की कैसे प्राण रक्षा की, इसे शब्दों में व्यक्त करना असम्भव है।

शरत् के जीवन और लेखन पर अपनी माँ का गहरा असर है। गाँव में बाल विधवा नीरू और अपने मित्र की पत्नी विलासी की मृत्यु ने उन्हें स्त्रियों के प्रति करुणा से भर दिया। जिन दिनों शरत् *चरित्रहीन* की रचना कर रहे थे तभी भागलपुर से उन्हें तार मिला जिसमें खबर थी कि उनके पिता की मृत्यु हो गई है। इस समय उनके मामा मणीन्द्रनाथ और नानी ने उनकी बड़ी मदद की। इस मृत्यु से उनका जन्म स्थान देवानंदपुर सदा के लिए उनसे छूट गया। फिर वे अपने दायित्व को समझकर जीविकोपार्जन के लिए कोलकाता चले गए। दिशाहारा पर्व का शरत् अब दिशा की खोज में निकल पड़ा।

द्वितीय पर्व 'दिशा की खोज' में शरत् के लेखन विकास प्रेरणा के विभिन्न स्रोतों और रचनाओं की पृष्ठभूमि पर चर्चा है तो पात्रों से उनकी समरसता, *रंगून प्रवास, गृहदाह, सृजन का आवेग* जैसे उप अध्यायों में उनकी उलझनों और रचना प्रक्रिया को भी देखा जा सकता है। कोलकाता में भी आजीविका का पक्का ठौर-ठिकाना न बन सकने पर वे रंगून चले गए जहाँ उनके मौसा वकील थे। यहाँ बर्मा में रह रहे धनी बंगाली लोगों के जीवन के विभिन्न चित्र आए हैं तो शरत् के अपने जीवन संघर्ष के भी। सभ्य समाज से जुड़ने के लिए वे अक्सर अपने सुमधुर कंठ से गोष्ठियों में गाना गाते थे। इसी पर्व में शांतिदेवी से उनके विवाह का प्रकरण आया है जो डेढ़ वर्ष में ही समाप्त

हो गया। मोक्षदा से उन्होंने दूसरा विवाह किया। पहले विवाह से हुए पुत्र का भी जल्दी निधन उन्हें तोड़ने वाला था। रंगून में अचानक घर में लगी आग से उनकी दो पांडुलिपियाँ जलकर भस्म हो गईं। खुद शरत् मानते थे कि यदि वे छप जातीं तो उनकी श्रेष्ठ कृतियाँ कहातीं। रंगून में रहते हुए ही उन्हें एक लेखक के रूप में ख्याति मिली और उनका अधिकांश साहित्य प्रकाशित हुआ। *देवदास, चरित्रहीन, श्रीकांत* जैसी रचनाएँ रंगून में लिखी गईं अथवा वहीं वे पूर्ण हुईं और प्रकाशित भी हुईं। उनकी पहली रचना 'बड़ी दीदी' सौरीन्द्रमोहन मुखर्जी के संपादन में निकलने वाले पत्र *भारती* में प्रकाशित हुई थी, जिसे पढ़कर कवि कुलगुरु रवीन्द्रनाथ ठाकुर ने उनकी प्रतिभा को पहचान लिया था। इसी कहानी ने उन्हें बंगाल के पाठकों में लोकप्रिय बनाया और जिससे उन्हें निरंतर लिखते रहने की प्रेरणा मिली।

तीसरे और अंतिम पर्व 'दिशांत' का प्रारम्भ इस तरह हुआ है—जिस समय शरत् ने कोलकाता छोड़कर रंगून की राह ली थी, उस समय वह तिरस्कृत, उपेक्षित और असहाय था। लेकिन अब वह तेरह वर्ष बाद कोलकाता लौटा तो ख्यातनाम कथाशिल्पी के रूप में प्रसिद्ध हो चुका था। अब वह 'वह' नहीं रह गया था, 'वे' के पद पर प्रतिष्ठित हो चुका था। उनके प्रति बंगाल के लोग कितने उत्सुक थे और किस प्रकार उनका स्वागत हुआ, यह तथ्य किसी भी साहित्यिक के लिए ईर्ष्या का कारण हो सकता है। साहित्यकार के रूप में असीम ख्याति के बावजूद शरत् को जाति बहिष्कृत कर दिया गया था और वे भी जीवन भर इस बहिष्कार को स्वीकार करते रहे। उन्होंने भी फिर से जाति में जाने की कोई रुचि नहीं दर्शाई। इस दौर को उनके लेखन का चरमोत्कर्ष भी माना जाता है, जब उनकी अनेक रचनाएँ छपीं और प्रशंसित हुईं। प्रशंसा के साथ ईर्ष्या और विवाद भी जुड़े। कृतियों पर हास्यास्पद आक्षेपों के साथ उनके व्यक्तित्व को भी लपेटने के कुत्सित प्रयास हुए। आर्थिक सुदृढ़ता और सम्पन्नता भी इस अवधि में आई। उनकी किताबों की बिक्री से अच्छी आय होती थी जिससे उन्होंने मकान बनवाए। यह पर्व उस समय के बड़े लेखकों-राजपुरुषों से उनके संबंधों की भी कथा है, जिसमें हमें ज्ञात होता है कि रवीन्द्रनाथ ठाकुर उनका कितना सम्मान करते थे तो

सुभाषचंद्र बोस उनके लेखन को किस आदर से देखते थे। वे कांग्रेस में भी सक्रिय रहे और आन्दोलनों में अपना योगदान दिया। उन्हें बाद में महसूस हुआ कि राजनीति का क्षेत्र उनके लिए उपयुक्त नहीं, अत: वे लेखन में ही लौट गए। 1936 की 16 जनवरी को उनका निधन हो गया। उन्होंने अपने बारे में कभी कहा था—मेरा जीवन अंतत: मानो एक उपन्यास ही है। इस उपन्यास में सब कुछ किया, पर छोटा काम कभी नहीं किया। जब मरूँगा निर्मल खाता छोड़ जाऊँगा। उसके बीच स्याही का दाग कहीं भी नहीं होगा।

रचना एवं रचनाकार का परिचय

आवारा मसीहा विष्णु प्रभाकर द्वारा लिखित महान कथाकार शरत्चन्द्र की जीवनी है। इसका प्रकाशन 1974 में हुआ। बांग्ला के अमर कथाकार शरत्चन्द्र की ऐसी जीवनी बांग्ला में भी नहीं है। इसे लिखने में विष्णु प्रभाकर जी ने चौदह वर्ष तक कठोर परिश्रम किया। शरत्चन्द्र जैसे मूर्धन्य लेखक का जीवन संघर्ष विष्णु प्रभाकर की हार्दिकता और निष्ठा का संयोग पाकर असाधारण कृति में रूपान्तरित हो गया ।

विष्णु प्रभाकर की प्रकाशित प्रमुख पुस्तकें निम्न हैं—

उपन्यास : ढलती रात, स्वप्नमयी, अर्द्धनारीश्वर, निशिकांत, तट के बंधन, दर्पण का व्यक्ति, परछाईं, कोई तो

कहानी संग्रह : संघर्ष के बाद, धरती अब भी घूम रही है, मेरा वतन, खिलौने, आदि और अन्त, एक कहानी का जन्म, रहमान का बेटा, ज़िन्दगी के थपेड़े, सफ़र के साथी, खंडित पूजा, साँचे और कला, पुल टूटने से पहले, आपकी कृपा, एक और कुंती, ज़िन्दगी एक रिहर्सल

नाटक : हत्या के बाद, नव प्रभात, डॉक्टर, प्रकाश और परछाइयाँ, बारह एकांकी, अशोक, अब और नहीं, टूटते परिवेश, कुहासा और किरन, बंदिनी, सत्ता के आर-पार, केरल का क्रांतिकारी, सीमा रेखा, श्वेत कमल, युग-युग क्रांति, समाधि

कविता संग्रह : चलता चला जाऊँगा

जीवनी : आवारा मसीहा, अमर शहीद भगत सिंह, सरदार वल्लभभाई पटेल, काका कालेलकर

संस्मरण : जाने-अनजाने, कुछ शब्द : कुछ रेखाएँ, यादों की तीर्थयात्रा, मेरे अग्रज : मेरे मीत, समांतर रेखाएँ, मेरे हमसफ़र, राह चलते-चलते

निबंध : जन-समाज और संस्कृति : एक समग्र दृष्टि, क्या खोया क्या पाया

बाल साहित्य : मोटेलाल, कुंती के बेटे, रामू की होली, दादा की कचहरी, जब दीदी भूत बनी, जीवन पराग, बंकिमचंद्र, अभिनव एकांकी, स्वराज की कहानी, हड़ताल, जादू की गाय, घमंड का फल, नूतन बाल एकांकी, हीरे की पहचान।

सम्मान

- मूर्ति देवी पुरस्कार—1988
- साहित्य अकादेमी पुरस्कार—1993
- पद्मभूषण—2004
- साहित्य अकादेमी फ़ैलोशिप—2006

21 जून 1912 को मुज़फ़्फ़रनगर (उत्तर प्रदेश) में जन्मे प्रभाकर का निधन दिल्ली में 11 अप्रैल 2009 को हो गया था।

आवारा मसीहा के पहले संस्करण की भूमिका

कभी सोचा भी न था कि एक दिन मुझे अपराजेय कथाशिल्पी शरत्चन्द्र की जीवनी लिखनी पड़ेगी। यह मेरा विषय नहीं था। लेकिन अचानक एक ऐसे क्षेत्र से यह प्रस्ताव मेरे पास आया कि स्वीकार करने को बाध्य होना पड़ा। हिन्दी ग्रन्थ रत्नाकर, बम्बई, के स्वामी श्री नाथूराम प्रेमी ने शरत् साहित्य का प्रामाणिक अनुवाद हिन्दी में प्रकाशित किया है। उनकी इच्छा थी कि इसी माला में शरत्चन्द्र की एक जीवनी भी प्रकाशित की जाए। उन्होंने इसकी चर्चा श्री यशपाल जैन से की और न जाने कैसे लेखक के रूप में मेरा नाम सामने आ गया। यशपालजी के आग्रह पर मैंने एकदम ही यह काम अपने हाथ में ले लिया हो, ऐसा नहीं था, लेकिन अन्तत: लेना पड़ा, यह सच है। इसका मुख्य कारण था शरत्चन्द्र के प्रति मेरी अनुरक्ति। उनके साहित्य को पढ़कर उनके जीवन के बारे में, विशेषकर श्रीकान्त और राजलक्ष्मी के बारे में, जानने की उत्कट इच्छा कई बार हुई है। शायद वह इच्छा पूरी होने का यह अवसर था। सोचा, बांग्ला साहित्य में निश्चय ही उनकी अनेक प्रामाणिक जीवनियाँ प्रकाशित हुई होंगी। लेख-संस्मरण तो न जाने कितने लिखे गये होंगे। वहीं से सामग्री लेकर यह छोटी-सी जीवनी लिखी जा सकेगी। लेकिन खोज करने पर पता लगा कि प्रामाणिक तो क्या, सही अर्थों में जिसे जीवनी कह सकें वैसी कोई पुस्तक बांग्ला भाषा में नहीं है। उनके जीवन की कल्पित कहानी को जीवनी का रूप देकर अनेक पुस्तकें प्रकाशित हुई हैं, पर उनमें शरत् बाबू का वास्तविक रूप तो क्या प्रकट होता वह और भी जटिल हो उठा है।

अब मैंने इधर-उधर खोज आरम्भ की, लेकिन जैसे-जैसे आगे बढ़ता गया, उलझता ही गया। ढूँढ़-ढूँढ़कर मैं उनके समकालीन व्यक्तियों से मिला।

बिहार, बंगाल, बर्मा सभी जगह गया। लेकिन कहीं भी तो, कुछ भी उत्साहजनक स्थिति नहीं दिखाई दी।

प्राय: सभी मित्रों ने मुझसे कहा, ''तुम शरत् की जीवनी नहीं लिख सकते। अपनी भूमिका में यह बात स्पष्ट कर देना कि शरत् की जीवनी लिखना असम्भव है।''

ऐसे भी व्यक्ति थे जिन्होंने कहा, ''छोड़ो भी, क्या था उसके जीवन में जो तुम पाठकों को देना चाहोगे। नितान्त स्वच्छंद व्यक्ति का जीवन क्या किसी के लिए अनुकरणीय हो सकता है ?''

''उनके बारे में जो कुछ हम जानते हैं वह हमारे बीच में ही रहे। दूसरे लोग उसे जानकर क्या करेंगे ? रहने दो, उसे लेकर क्या होगा ?''

एक सज्जन तो अत्यन्त उग्र हो उठे। तीव्र स्वर में बोले, ''कहे देता हूँ, मैं उनके बारे में कुछ नहीं बताऊँगा।''

दूसरे सज्जन की घृणा का पार नहीं था। गाँधीजी और शरत् के सम्बन्ध में मैंने एक लेख लिखा था। उसी को लेकर उन्होंने कहा, ''छि:, तुमने उस दुष्ट की गाँधीजी से तुलना कर डाली !''

एक बन्धु जो ऊँचे-ऊँचे पदों पर रह चुके थे, मेरी बात सुनकर मुस्कराये, बोले, ''क्यों इतना परेशान होते हो, दो-चार गुण्डों का जीवन देख लो, शरत्चन्द्र की जीवनी तैयार हो जाएगी।''

इन प्रतिक्रियाओं का कोई अन्त नहीं था, लेकिन ये मुझे मेरे पथ से विरत करने के स्थान पर चुनौती स्वीकार करने की प्रेरणा ही देती रहीं। सन् 1959 में मैंने अपनी यात्रा आरम्भ की थी और अब 1973 है। 14 वर्ष लगे मुझे *आवारा मसीहा* लिखने में। समय और धन दोनों मेरे लिए अर्थ रखते थे, क्योंकि मैं मसिजीवी लेखक हूँ। लेकिन ज्यूँ-ज्यूँ आगे बढ़ता गया, मुझे अपने काम में रस आता गया और आज मैं साधिकार कह सकता हूँ कि मैंने जो कुछ किया है पूरी आस्था के साथ किया है। और करने में पूरा आनन्द भी पाया है। यह आस्था और यह आनन्द, यही मेरा सही अर्थों में पारिश्रमिक है।

मुझसे पहले भी बंगाल के एक-दो मित्रों ने इस क्षेत्र में प्रयत्न किये हैं।

उनमें सर्वाधिक प्रामाणिक कार्य है श्री गोपालचन्द्र राय का। उन्होंने अत्यन्त परिश्रम के साथ शरत् बाबू के जीवन को समझने की सामग्री जुटाने का स्तुत्य कार्य किया। मेरा प्रारम्भिक कार्य सन् 1965 तक समाप्त हो गया था। तभी उनकी लिखी ग्रन्थ-माला का पहला खंड प्रकाशित हुआ। इसमें शरत्चन्द्र की जीवनी तथा उसी संबंध में कुछ दूसरी सामग्री है। मैं उनसे अपने काम की तुलना नहीं करना चाहूँगा। वे मुझसे बहुत पहले से काम कर रहे थे। हम दोनों की क्षमता और दृष्टि में भी बहुत अन्तर है।

वे बंगाली हैं और शरत् बाबू के सम्पर्क में भी आ चुके हैं। इसके विपरीत मैं न तो बंगाली हूँ और न मुझे शरत् बाबू के दर्शन करने का सौभाग्य ही प्राप्त हुआ है। बांग्ला भाषा भी मैं अच्छी तरह नहीं जानता। इसलिए जिन लोगों से मैं मिला, उनमें से अधिकतर को यह बड़ा अजीब लगा कि एक बाहर का व्यक्ति शरत् बाबू की जीवनी के संबंध में इतना परेशान हो।

वे इस बात से प्रभावित हुए और उन्होंने बड़ी ईमानदारी से मेरी सहायता की। कुछ ने उपेक्षा की दृष्टि से भी देखा, लेकिन ऐसे लोगों की संख्या बहुत अधिक नहीं थी। और यह भी कि अधिकतर मेरी खोज के प्रथम दौर में ही ऐसा हुआ था। बाद में तो जैसे-जैसे समय बीतता गया वैसे-वैसे मेरे प्रति उन लोगों का स्नेह बढ़ता गया। अगर ऐसा न होता तो क्या यह काम कभी पूरा हो पाता?

फिर भी कठिनाइयों का कोई अन्त नहीं था। कुछ मित्र थे जिन्होंने बहुत कुछ बताया लेकिन प्रमाणित करने से इनकार कर दिया। कहा, ''आप बिना हमारा नाम दिये अपने रूप में इसका उपयोग कर सकते हैं।''

इनमें ऐसे मित्र भी थे जिन्होंने मुझे चेतावनी दी कि यदि मैंने शरत् बाबू के मुँह से कुछ ऐसा-वैसा कहलवाया या स्वयं ऐसा-वैसा लिखा तो उसका परिणाम बुरा भी हो सकता है। मुझे क्षमा नहीं मिलेगी। कुछ ऐसे भी थे जो स्वयं लिखना चाहते थे, लेकिन मुझे दुख है कि उनमें से बहुत कम ही ऐसा कर सके। फिर भी जिन्होंने किया उन्हीं के कारण किसी-न-किसी रूप में प्रामाणिक सामग्री सामने आई। इसका मुझे भी लाभ मिला।

उनके समकालीन कुछ ऐसे व्यक्ति मुझे मिले जो सचमुच उनसे घृणा

करते थे। रंगून के एक सज्जन ने मुझसे कहा था, ''वे एक स्त्री के साथ रहते थे। उनके पास बहुत कम लोग जाते थे। मैं उनका पड़ोसी था, लेकिन उनके कमरे में कभी नहीं गया। वे अफीम खाते थे और शराब पीते थे। वे एक निकृष्ट प्रकार का जीवन बिता रहे थे। मैं उनसे हमेशा बचता था।''

यह प्रतिक्रिया मात्र इन्हीं सज्जन की नहीं थी। बहुत-से लोग उनके बारे में इसी तरह सोचते थे और जानते थे, लेकिन ऐसे भी व्यक्ति थे जो उनके पास जाकर उन्हें पहचान सके थे। उन्हीं के माध्यम से मैं भी एक सीमा तक उनको पहचान सका। अफ़वाहों और किंवदन्तियों से भरे उनके जीवन को पूरी तरह पहचान पाना तो असम्भव जैसा ही है, लेकिन क्या सचमुच जो पास थे, वे उन्हें पहचानते थे? उनके बहुत पास रहने वाले कई व्यक्तियों ने उनके सम्बन्ध में बिलकुल परस्पर विरोधी बातें बताईं। स्वयं उनके मामा और बालसख़ा श्री सुरेन्द्रनाथ गांगुली ने उनके बारे में जो दो पुस्तकें लिखी हैं उनमें परस्पर विरोधी तथ्य हैं। कभी-कभी तो मुझे लगता था कि कोई मुझे चुनौती देने वाला है कि शरत्चन्द्र नाम का कोई व्यक्ति इस देश में नहीं हुआ, कुछ अज्ञातनाम लेखकों ने स्वयं कुछ उपन्यास लिखे और शरत्चन्द्र के नाम से चला दिये।

यह धारणा सत्य ही है कि मनुष्य शरत्चन्द्र की प्रकृति बहुत जटिल थी। साधारण बातचीत में वे अपने मन के भावों को छिपाने का प्रयत्न करते थे और उनके लिए कपोलकल्पित कथाएँ गढ़ते थे। कितने अपवाद, कितने मिथ्याचार, कितने भ्रान्त विश्वास से वे घिरे रहे! इसमें उनका अपना योग भी कुछ कम नहीं था। वे परले दर्जे के अड्डेबाज़ थे। घण्टों कहानियाँ सुनाते रहते। जब कोई पूछता कि क्या यह घटना स्वयं उनके जीवन में घटी है, तो वे कहते, ''न-न, गल्प कहता हूँ, सब गल्प, मिथ्या, एकदम सत्य नहीं।''

इतना ही नहीं, एक ही घटना को जितनी बार सुनाते, नये-नये रूपों में सुनाते। कोई प्रश्न करता, ''दादा, कल तो आपने इस घटना को एक और ही रूप में सुनाया था!'' तो वे क्रुद्ध हो उठते, ''घटना मेरी है। मुझे अधिकार है कि मैं उसको जिस प्रकार चाहूँ सुनाऊँ।''

चाहे किसी भी विधि से हुए हों, उनके दो विवाह हुए थे। उनकी

दूसरी पत्नी हिरण्यमयी देवी की मृत्यु उनके मरने के लगभग 22 वर्ष बाद[1] हुई। वे उनकी विधिसम्मत उत्तराधिकारिणी थीं, लेकिन जीवन-भर लोग यही समझते रहे (अब भी समझते हैं) कि वे अविवाहित थे। सभा-समितियों में उनका परिचय 'बाल ब्रह्मचारी' कहकर दिया जाता था। अनेक प्रवाद भी प्रचलित हो गये थे, पर उन्होंने एक बार भी स्थिति को स्पष्ट करने का प्रयत्न नहीं किया। बर्मा से लौटे एक मित्र ने, कलकत्ता की एक सभा में, जब स्वयं यह सब सुना तो चकित होकर शरत् बाबू से पूछा, "आप ऐसा क्यों होने देते हैं?"

हँसकर शरत् बाबू ने उत्तर दिया, "सुनकर बहुत मज़ा आता है।"

उन्होंने स्वयं लिखा है, 'अपने विगत जीवन के बारे में मैं अत्यन्त उदासीन हूँ। जानता हूँ, उसको लेकर नाना प्रकार की जनश्रुतियाँ प्रचारित हो रही हैं, लेकिन मेरे निर्विकार आलस्य को वे बिन्दु-मात्र भी विचलित नहीं कर सकतीं। शुभचिन्तक बीच-बीच में उत्तेजित होकर कहते हैं कि इस झूठ का प्रतिकार क्यों नहीं करते? मैं कहता हूँ, झूठ यदि है तो उसका प्रचार मैंने तो नहीं किया, इसलिए प्रतिकार करने का दायित्व भी उनका ही है। उनको करने को कहो।'

सचमुच अपने जीवन की कहानी वे इस प्रकार गुप्त रखते थे कि उनके घनिष्ठ तथा अन्तरंग से अन्तरंग बन्धु भी कुछ नहीं जानते थे। कवि नरेन्द्र देव तथा उनकी धर्मपत्नी कवयित्री श्रीमती राधारानी देवी के घर शरत्चन्द्र बहुत-सा समय बिताते थे किन्तु वे भी उनके जीवन के संबंध में कोई विशेष सामग्री इकट्ठी नहीं कर पाए। ठीक यही स्थिति उनके घनिष्ठ मित्र हरिदास चट्टोपाध्याय की थी। वे भी शरत्चन्द्र के संबंध में कोई ठीक-ठीक बात नहीं बता सकते थे। जब गम्भीरता से लोग उनसे उनके जीवन के बारे में चर्चा करते तो वे कहते, "देखो, लेखक के व्यक्तिगत जीवन को लेकर परेशान होने से क्या लाभ? वह लेखक है इसलिए अपने जीवन की सब बातें सबको बतानी होंगी, इसका आखिर क्या अर्थ है? उसकी रचनाओं के भीतर से उसका जितना परिचय मिल सकता है, उसी को लेकर संतुष्ट होना उचित है। यही लेखक

---

1. 31 अगस्त 1960 ई.

का सच्चा परिचय है। इसलिए मैं कहता हूँ, लेखक का व्यक्तिगत जीवन और उसका लेखक-जीवन दोनों एक ही नहीं होते। किसी भी कारण से इन दोनों को मिला देना उचित नहीं है। यह जान लो कि मैं अपनी रचनाओं में जितना अपने को व्यक्त कर सकता हूँ, उतना ही मैं हूँ। पाठकों के लिए मेरा उतना ही परिचय काफ़ी है।

''एक दिन मैं नहीं रहूँगा, तुम भी नहीं रहोगे। लोग मेरे व्यक्तिगत जीवन के बारे में जानने की इच्छा नहीं करेंगे। तब यदि कोई मेरी लिखी हुई रचना बची रहेगी तो वे उसी को लेकर चर्चा करेंगे, मेरे चरित्र को लेकर नहीं।''

काश, वे देख सकते कि आज उनके जीवन को लेकर लोग कितने चिन्तित हैं और कैसी-कैसी मनगढ़ंत बातें उन्होंने फैला दी हैं। सत्य और मिथ्या के बीच कहीं कोई अन्तर नहीं रह गया है। ये ही बातें सुनकर कविगुरु रवीन्द्रनाथ कह उठे थे, ''मैं इसीलिए तो मरना नहीं चाहता।''

कहते हैं, एक बार स्वयं श्री रवीन्द्रनाथ ठाकुर ने उनसे कहा था, ''शरत्, तुम अपनी आत्मकथा लिखो।'' उनका उत्तर था, ''गुरुदेव, यदि मैं जानता कि मैं इतना बड़ा आदमी बनूँगा तो मैं किसी और प्रकार का जीवन जीता।''

यह व्यंग्य भी हो सकता है और निखूट सत्य भी, लेकिन इस बात के प्रमाण उपलब्ध हैं कि बचपन और यौवन में जिस प्रकार का जीवन उन्हें जीना पड़ा था, उससे वे सन्तुष्ट नहीं थे। वे निचली गहराइयों से होकर ऊपर उठे। प्रारंभिक जीवन में जिस अभाव, अपमान और उपेक्षा में से उन्हें गुज़रना पड़ा उससे उनके कलाकार को तो बल मिला, पर उनका जीवन टूट गया। जीवन-संध्या में क्या सचमुच उन्हें इस बात का दुख था कि उन्होंने आवारगी का जीवन बिताया, शराब पी, नशे में डूबे, वेश्याओं के बीच जाकर रहे, नाना प्रकार के वास्तविक और अवास्तविक प्रेम-प्रपंच किए?

शायद था, तभी तो उन्होंने गुरुदेव को वैसा उत्तर दिया था। एक अवसर पर उन्होंने यह भी कहा था, ''मैं आत्मकथा नहीं लिख सकता, क्योंकि न तो मैं इतना सत्यवादी हूँ और न इतना बहादुर ही, जितना एक आत्मकथा-लेखक को होना चाहिए।''

क्या इससे यह स्पष्ट नहीं हो जाता कि शरत्चन्द्र के मानव और साहित्य

का सही मूल्यांकन इन्हीं विरोधाभासों और नीचाइयों के भीतर झाँककर हो सकता है, मनुष्य को देवता या शैतान मानकर अर्थात् केवल अच्छाई या बुराई में से उसे पहचानकर चलने की चालू प्रवृत्ति से नहीं। इसीलिए एक मराठी बन्धु ने जैसे लेखक को चेतावनी दी थी, ''शरत् के भावी चरित्र-लेखक को अन्त में यही याद रखना होगा कि वे मनुष्य के भले-बुरे गुणों से परे नहीं थे।''

जीवनी लिखना निस्सन्देह कठिन काम है। यूँ देखने में लगता है कि वह कुछ अद्भुत-असाधारण घटनाओं और कुछ क्रांतिकारी विचारों का समुच्चय है। किसी के जीवन को समझने के लिए कुछ महत्त्वपूर्ण घटनाएँ आवश्यक अवश्य हैं, पर अनिवार्य नहीं। अनिवार्य हैं उन घटनाओं और उन विचारों के पीछे रहने वाले प्रेरणास्रोत। जो दिखाई देता है वही सत्य नहीं होता। सत्य को पाने के लिए गहरे उतरना होता है और उस उतरने में जहाँ आस्था का प्रश्न है वहाँ वस्तुनिष्ठता का उससे भी अधिक है। यह सर्वोपरि अनिवार्यता है। डॉक्टर जानसन ने कहा था, ''वही व्यक्ति किसी की जीवनी लिख सकता है जो उसके साथ खाता-पीता, बैठता-उठता और बोलता-बतियाता रहा हो।''

यह उपयोगी हो सकता है, पर अनिवार्य नहीं है। जिस व्यक्ति को ऐसा सौभाग्य प्राप्त नहीं हुआ उसकी आस्था में शंका करने का कोई उचित कारण नहीं दिखाई देता। इसके विपरीत वस्तुनिष्ठता के अवसर बढ़ जाने की सम्भावना पूरी-पूरी है। दूरी वस्तुपरक दृष्टि देने में सहायक ही होती है।

एक विद्वान ने कहीं लिखा है, 'जीवनी-लेखन कोरा इतिहास-मात्र होगा, अगर उसकी अभिव्यक्ति कलात्मक ढंग से न हो और उसमें लिखने वाले का व्यक्तित्व प्रतिफलित न हो। वह व्यक्ति-विशेष का तटस्थ पर खुलकर किया गया अध्ययन होता है।'

'जीवनी क्या है ? अनुभवों का शृंखलाबद्ध कलात्मक चयन। इसमें वे ही घटनाएँ पिरोई जाती हैं, जिनमें संवेदना की गहराई हो, भावों को आलोड़ित करने की शक्ति हो। घटनाओं का चयन लेखक किसी नीति, तर्क या दर्शन से प्रभावित होकर नहीं करता। वह गोताखोर की तरह जीवन-सागर में डूब-डूब

कर मोतियाँ चुनता है। सशक्त और सच्ची संवेदना की हर घड़ी वही मोती है। श्रेष्ठ जीवनी-लेखक काल, देश, व्यक्ति और घटना की सीमाओं को तोड़कर अनुभूतियों का सौन्दर्य में विक्षेपण करता है। विशुद्ध कला और मानदण्डों के बीच संतुलन और सामंजस्य का प्रणयन करता है।'

नहीं जानता कि *आवारा मसीहा* इस कसौटी पर कितना खरा उतरेगा। किन्तु एक बात पूरे विश्वास के साथ कह सकता हूँ कि मैंने कला को भले ही खोया हो, आस्था को नहीं खोया और निरन्तर सशक्त और सच्ची संवेदना की घड़ियों को खोजने का प्रयत्न किया है। बहुत-से लोग यह मानते हैं कि साहित्यकार का जीवन उसका साहित्य ही होता है। पूर्ववर्ती मराठी बन्धु ने यह भी लिखा था, 'हमारे प्रयत्नों का उद्देश्य यदि तथ्यपूर्ण सामग्री की खोज करना है तो यह प्रयत्न कुछ हास्यास्पद अवश्य है। वे कहाँ पैदा हुए, कहाँ स्वर्गवासी हुए, रंगून में कहाँ रहे, इस दुनिया में किन-किन स्त्रीरूपी देवताओं ने उनका साथ दिया, रोटी-रोज़ी की क्या व्यवस्था थी, स्वास्थ्य की ओर उन्होंने दुर्लक्ष्य क्यों किया, किसी से किसी प्रकार की सहायता की अपेक्षा क्यों नहीं की और फिर सबकी सहायता करने में अपना सब कुछ क्यों लुटा दिया, ऐसे अनेक प्रश्नों के उत्तर उनकी रचनाओं में से न पा सकें तो वे और कहाँ मिल सकेंगे?'

जेबुन्निसा के शब्दों में शरत् भी यही कहते थे—

दर सुखन पिनहा शुदम मानिन्द बू दर-बर्गेगुल,

हर कि दीदन मैल दारद दर सुखन बीनद मरा।

जैसे खुशबू फूल की पंखुड़ियों में बसी है, वैसे ही मैं अपनी कविता में व्याप्त हूँ। जो मुझसे मिलने का इच्छुक हो मेरे काव्य में मुझे पा ले।

मेरा हर शे'र है अख़्तर मेरी ज़िन्दा तस्वीर,

देखनेवालों ने हर लफ़्ज़ में देखा है मुझे।

इसमें कोई शक नहीं कि उनका साहित्य महान है, किन्तु उनका जीवन भी उससे कुछ कम महान नहीं। उनका साहित्य घर-घर आदर सहित पढ़ा गया, किन्तु देशव्यापी समादर के पीछे उसका स्रष्टा अपने ऐकांतिक दुख को गोपन करके हँसते हुए दिन काट गया। उनके रिश्ते के मामा और चिर मित्र

सुरेन्द्रनाथ गंगोपाध्याय ने लिखा है, 'कहते हैं कि शरत् ने साहित्य के माध्यम से आत्मप्रकाश किया है। उनकी अलग जीवनी दरकार नहीं, लेकिन शरत् ने अपने साहित्य में अपने को छिपाया है।'

शरत्चन्द्र ने अपने साहित्य में ही अपने को नहीं छिपाया है, वास्तविक जीवन में भी निरन्तर अपने को छिपाने का प्रयत्न किया है। प्रसिद्धि से वे सदा पराङ्मुख रहे। लिखते रहे पर प्रकाशन का आग्रह उनकी ओर से कभी नहीं आया। यदि उनके स्वार्थी मित्र अनजाने ही उन्हें अन्धकार में से बाहर न खींच लाते और तब उनकी प्रतिभा तत्कालीन साहित्य जगत् को आलोड़ित न कर देती तो, वे रंगून में ही अपने निर्वासित जीवन का अन्त कर देते। लेकिन फिर भी यह सत्य है कि लिखते वे अवश्य रहते थे। श्री इलाचन्द्र जोशी के शब्दों में यह भी कहा जा सकता है, ''कुछ रहस्यमय मनोग्रन्थियों के कारण वे जीवनकाल में अपनी सम्भावित ख्याति से कतराते थे और लिखते केवल इसीलिए चले जाते थे कि मृत्यु के बाद उनका प्रकाशन हो और तब एक मृत लेखक की रचनाओं के भीतर से बोलने वाली महान आत्मा समस्त लेखकों पर हावी हो जाए।''

इस प्रवृत्ति को हीन भाव भी कहा जा सकता है और वैरागी का मन भी। यह प्रारम्भिक जीवन के अभावों और अपमानों की अन्तर्मुखी प्रतिक्रिया भी हो सकती है। लेकिन इन्हीं कारणों से जीवन-चरित्र लिखने वाले का काम कितना दुष्कर हो गया है! और यह भी सत्य है कि यही चुनौती उनकी सबसे बड़ी शक्ति भी बनी है। तब यह कल्पना की जा सकती है कि मुझे यह सामग्री एकत्रित करने में 14-15 वर्ष क्यों लगे? और अब भी क्या यह विश्वास से कहा जा सकता है कि जो कुछ मैंने पाया है वह ऐकांतिक रूप से सत्य है?

निश्चय ही यह दावा मैं नहीं कर सकूँगा। इसके विपरीत यदि कोई यह कहेगा कि मैंने जो कुछ लिखा है वह मिथ्या है तो, मैं उसका प्रतिवाद नहीं करूँगा।

कला के लिए सत्य भले ही सम्पूर्ण आदर्श न हो परन्तु जीवन-चरित्र लिखना इस दृष्टि से विज्ञान के अधिक पास है और उसका आदर्श सत्य

ही है, पर जैसा कि पहले कहा जा चुका है घटना तो सत्य नहीं है। उसका जीवन में महत्त्व है, लेकिन उससे अधिक महत्त्व है घटना के पीछे की प्रेरणा का। वही प्रेरणा सत्य है। मैंने इतना समय इसीलिए लगाया कि मैं भ्रान्त और अभ्रान्त घटनाओं के पीछे के सत्य को पहचान सकूँ, जिससे घटनाओं से परे जो वास्तविक शरत्चन्द्र है उसका रूप पाठकों के सामने प्रस्तुत किया जा सके। यह सब कैसे और किस प्रकार हुआ, यह मैं नहीं बता सकूँगा। जिसे 'सिक्स्थ सेंस' कहते हैं, शायद वही मेरी सहायक रही। मैं अधिक-से-अधिक उन व्यक्तियों से मिला, जिनका किसी-न-किसी रूप में शरत्चन्द्र से संबंध था। उन सभी स्थानों पर गया जहाँ वे या उनके उपन्यासों के पात्र रहे थे। उस वातावरण में रमने की कोशिश की जिसमें वे जिये थे। शायद इसी प्रयत्न के फलस्वरूप मैं एक ऐसी तस्वीर बनाने में यत्किंचित सफल हो सका, जो शरीर-रचना विज्ञान (एनोटॉमी) की दृष्टि से भले ही सही न हो पर उसके पीछे जो चेतन तत्व होता है उसको समझने में अवश्य ही सहायक हुई है।

शरत् बाबू के चरित्र को लेकर समाज में जो भ्रान्त धारणा बन गई थी, उसकी चर्चा करना असंगत न होगा। कलाकार का चरित्र साधारण मानव से किसी-न-किसी रूप में भिन्न होता ही है। फिर शरत् बाबू तो बचपन से ही अभाव और अपमान के उस वातावरण में जिये जहाँ आदमी या तो विद्रोह कर सकता है या आत्महत्या। उनके अन्तर में जो साहित्यकार सोया पड़ा था, उसने उन्हें पहला मार्ग अपनाने की ही प्रेरणा दी। इसलिए उन्होंने तत्कालीन समाज के कठोर विधि-विधान को मानने से इनकार कर दिया। सदाचार के प्रचलित मानदण्डों पर चोट करते हुए उन्होंने वही किया जो यथास्थितिवादी मुखियाओं के लिए अकरणीय था। तब वे चरित्रहीन का विरुद्ध न पाते तो आश्चर्य ही होता।

उन्होंने अपने साहित्य में वेश्याओं और दुराचारिणियों को ऊँचा पद दिया और तत्कालीन सामाजिक मूल्यों के आगे बार-बार प्रश्नचिह्न लगाये। उन्होंने घोषणा की कि सतीत्व ही नारित्व नहीं है, परन्तु एक क्षण के लिए भी, कहीं भी, उच्छृंखलता को प्रश्रय नहीं दिया। उन्होंने यही कहा, ''मैं अपनी रचना के

द्वारा मनुष्य का अपमान नहीं करना चाहता। पुरुष हो या स्त्री, गिरकर उठने का रास्ता सबके लिए खुला रहना चाहिए।''

वे हृदय जीतने में विश्वास करते थे। यह नहीं देखना चाहते थे कि जीतने वाला हीन जातीय है या विजातीय, विधर्मी-विदेशी है अथवा कुमार्गी-कुचाली। जो हृदय जीतने का महान कार्य कर सकता है वह कुमार्गी-कुचाली हो ही नहीं सकता और यह भी कि जो वास्तविक जीवन को देखना चाहता है वह शुचिता-अशुचिता के चक्कर में नहीं पड़ता। इसी अभिज्ञता के कारण गोर्की, टॉल्सटॉय और शेक्सपियर शुचिता के चक्कर में नहीं पड़े। इसीलिए शरत् बाबू भी तथाकथित छोटे वर्ग के लोगों और पतितों के बीच जाकर रहे और संस्कारिता से परे सदा चिर व्रात्य बने रहे। भद्र समाज में प्रवेश पाने की उन्होंने कभी कल्पना तक नहीं की।

उन्होंने शराब पी और फिर छोड़ दी, परन्तु उसके बाद भी वे एक खाली बोतल ऐसे स्थान पर रखते थे कि हर आने वाले के दृष्टि-पथ में आ सके। अफीम खाने का प्रदर्शन करने का कोई अवसर वे नहीं चूकते थे। कुत्ता भी उन्होंने ऐसा पाला था जो न केवल देखने में अशोभनीय था, अपितु हर प्रकार की संस्कारिता से सौ योजन दूर था और उससे वह इतना और ऐसा प्यार जताते थे जैसे उनका इकलौता पुत्र हो। भद्र समाज को नीचा दिखाने में उन्हें सचमुच मज़ा आता था।

स्त्रियों से उनके व्यक्तिगत संबंधों को लेकर भी न जाने कितनी अतिरंजना हुई। वे न तो योगी-यती थे और न कामी-कुमार्गी। एक कलाकार की भाँति वे मात्र रोमांटिक थे। जब परिवार, समाज, यहाँ तक कि मित्रों तक ने उनके लिए अपने द्वार बन्द कर दिये थे तब वे ऐसी बस्तियों में जाकर रहते थे जिनके द्वार भद्रलोक के लिए दिन के प्रकाश में नहीं खुलते। समाज के सभी वर्गों की नारियों से उनके संबंध सहज और आत्मीय थे। अपनी प्रसिद्धि के स्वर्णकाल में भी वे उनसे मिलने से कभी नहीं कतराये। उन्होंने उन सभी को सहज भाव से अपने साहित्य में मनुष्य की मर्यादा दी। इसलिए वे उनमें अगाध भक्ति रखती थीं, उनकी ओर आकर्षित होती थीं, उनके कहानी कहने की भंगिमा पर वे मुग्ध थीं और उनके विचारों पर प्राण निछावर करती थीं।

अनीति के प्रचारक के रूप में इसी कारण उनकी प्रसिद्धि चरम सीमा तक पहुँच गई थी। उन्हें कोयले से अधिक काला प्रमाणित करने के लिए न जाने कितनी कहानियाँ गढ़ ली गई थीं। अचरज तो यह है कि इन्हें गढ़ने में उनका योग भी कम नहीं रहता था। परस्पर विरोधी बातें कहने में भी वे नहीं चूकते थे। एक मित्र से वे यह कह सकते थे, ''नारी जाति के सम्बन्ध में मैं कभी उच्छृंखल नहीं था और अब भी नहीं हूँ।'' तो दूसरे मित्र को यह भी लिख सकते थे कि वे डेढ़ वर्ष तक एक धोबन के साथ प्रेम करते रहे हैं। उनका सारा जीवन इसी तरह की असंगतियों और परस्पर विरोधी स्थापनाओं से भरा है। उसका सही अर्थ परिस्थिति-विशेष और पूर्वापर के सम्बन्ध को जाने बिना नहीं समझा जा सकता। संदर्भ से बाहर उनका कोई अर्थ नहीं है और परिस्थिति को समझने के लिए उनके सम्पूर्ण जीवन की पृष्ठभूमि को समझना होगा। ऐसा लगता है कि समाज से बदला लेने की भावना अनायास ही उनके अन्तर में कुण्डली मारकर बैठ गई थी। अन्यथा उनके चरित्र में ऐसी कोई बात नहीं थी जो किसी के लिए लज्जा का कारण हो सके। होती तो वे यह कैसे कह सकते, ''मेरा जीवन अन्तत: मानो एक उपन्यास ही है। इस उपन्यास में सब कुछ किया, पर छोटा काम कभी नहीं किया। जब मरूँगा निर्मल खाता छोड़ जाऊँगा। उसके बीच स्याही का दाग कहीं भी नहीं होगा।''

''मैंने अनीति का प्रचार करने के लिए कलम नहीं पकड़ी। मैंने तो मनुष्य के अन्तर में छिपी हुई मनुष्यता को, उस महिमा को, जिसे सब नहीं देख पाते, नाना रूपों में अंकित करके प्रस्तुत किया है।''

बहुत कम लोग जानते हैं कि अपराजेय कथाशिल्पी शरत्चन्द्र ने राजनीति में भी सक्रिय योगदान दिया था। वे अपने देश को प्यार करते थे और मानते थे कि साहित्यकार ही देश की मुक्ति के आन्दोलन में भाग नहीं लेंगे तो और कौन लेगा! उनके जीवन के इस पक्ष को उजागर करने का मैंने पूरा प्रयत्न किया है। जैसा कि हो सकता था, बहुत-सी बातें यहाँ भी विवादास्पद हैं पर, सबसे अधिक विवादास्पद प्रश्न है—बांग्ला साहित्य में उनके स्थान का। कुछ लोगों का विश्वास है कि वे साहित्यिक थे ही नहीं, वे तो आवाराओं, दुराचारियों

और वेश्याओं के प्रवक्ता थे। दूसरे कहते हैं कि उन्होंने कुछ भी तो नया नहीं दिया, बंकिमचन्द्र और रवीन्द्रनाथ की जूठन ही अपने पात्रों में सजाकर रखी है, मात्र कहने का ढंग उनका अपना है। कुछ हैं कि इतना श्रेय भी नहीं देना चाहते और उन पर भाषा को भ्रष्ट करने का आरोप लगाते हैं। लेकिन स्वयं कविगुरु रवीन्द्रनाथ ने उनकी मृत्यु से पन्द्रह मास पूर्व उनके लिए जो कुछ कहा था वह इन सब धारणाओं को झुठला देता है।

शरत्चन्द्र रवीन्द्रनाथ को सदा अपना गुरु मानते रहे। कई बार मतभेद हुए, गाली-गलौज जैसी स्थिति पैदा हुई, पर अन्तत: दोनों ने एक-दूसरे की प्रतिभा का वैसे ही वरण किया जैसे उन्हें करना चाहिए था। शरत् बाबू ने रवीन्द्रनाथ को व्यास के बाद भारत का सर्वोत्तम कवि घोषित किया तो रवीन्द्रनाथ ने भी बार-बार उनके कथा-साहित्य की विशेषताओं का अभिनन्दन किया। उनकी षष्ठिपूर्ति[2] के अवसर पर, जिसका आयोजन उन्होंने स्वयं किया था, उन्होंने कहा, ''ज्योतिषी असीम आकाश में डूबकर नाना रश्मियों के समूहों से निर्मित नाना जगतों का आविष्कार करता है जो अनेक कक्षाओं के मार्ग में तेज़ी से उतर रहे हैं। शरत्चन्द्र की दृष्टि बंगाली हृदय के रहस्य में डूब गई है। सुख में, दुख में, मिलन-विछोह में संगठित विचित्र शक्ति का उन्होंने इस प्रकार परिचय दिया है, जिससे बंगाली अपने को प्रत्यक्ष पहचान सकें। दूसरे लेखकों ने बहुतों की प्रशंसा पाई है किन्तु सार्वजनिक हृदय का ऐसा आतिथ्य नहीं पाया। यह अद्भुत वस्तु नहीं है, यह प्यार है। अनायास ही जो प्रचुर सफलता उन्होंने पाई है, इससे वे मेरे ईर्ष्या भाजन हो गए हैं। आज शरत्चन्द्र के अभिनन्दन में विशेष गर्व अनुभव करता, यदि मैं उनको यह कह सकता कि तुम नितान्त मेरे द्वारा आविष्कृत हो। किन्तु उन्होंने किसी के हस्ताक्षरित परिचय-पत्र की अपेक्षा नहीं की। आज उनका अभिनंदन देश के घर-घर में स्वत: ही उच्छ्वसित हुआ है। उन्होंने बंगाली वेदना के केन्द्र में अपनी वाणी का स्पन्दन पैदा किया है। साहित्य में उपदेष्टा से स्रष्टा का आसन बहुत ऊँचा है। चिन्ताशक्ति का वितर्क नहीं, कल्पना-शक्ति की पूर्ण दृष्टि ही साहित्य में शाश्वत मर्यादा के पद पर प्रतिष्ठित है। कवि के आसन से मैं विशेष रूप

---

2. 11 अक्तूबर 1936 ई.

से उसी स्रष्टा शरत्चन्द्र को माला अर्पण करता हूँ। वे शतायु होकर बांग्ला साहित्य को समृद्ध करें!''

''अपने बचपन में बंकिमचन्द्र के अभ्युदय में बांग्ला साहित्य में मैंने एक नये भाव का प्लावन देखा था। बंकिमचन्द्र भगीरथ के समान जिस नये साहित्य को लेकर आए उसने बांग्लादेश के सर्वसाधारण के अन्तर को छुआ। उन्होंने उनको सादर अपना कहकर ग्रहण किया। केवल उस समय के तरुण और युवकों ने ही नहीं, अन्तःपुर तक में बंकिम-साहित्य की नई हवा प्रवेश कर गई थी। विरोधियों ने निन्दा और प्रतिवाद करने में कोई कसर नहीं रखी, क्योंकि बंकिम-साहित्य उन सबको लीलकर अपने को प्रतिष्ठित कर सका। अपनी वृद्धावस्था में शरत्चन्द्र के अभ्युदय में मैंने फिर वही व्यापार देखा। शरत्चन्द्र कथा-साहित्य में एक ऐसी वस्तु लेकर आये, जिसने बांग्लादेश के सर्वसाधारण के अन्तर को स्पर्श किया। उसकी निगूढ़तम वेदना के स्तर पर आघात किया। इसीलिए तो बांग्लादेश के सभी लोगों ने शरत्चन्द्र के साहित्य को अपना कहकर वरण किया... ।''

किसी ने कहा है, ''बंगाल के नवजागरण के वैतालिक थे राममोहन राय। मध्याह्न के चारण हुए बंकिमचन्द्र और उसकी परिणति हुई रवीन्द्रनाथ के साहित्य में। शरत्चन्द्र इसी रवीन्द्र युग के उज्ज्वल नक्षत्र थे। बंकिम देव के उपासक हैं, रवीन्द्र में अतीन्द्रिय अनुभूति है, पर शरत् ने धरती की धूल को ही महिमामय किया। उन्होंने बंगाल की अपनी भाषा का प्रयोग किया और अपने निरंकुश मन का परिचय दिया। उनके यथार्थवाद में, यदि वह यथार्थवाद है, संवेदन और करुणामय चित्त का स्पर्श है।''

इस देश में ऐसे बहुत कम साहित्यिक हुए हैं, जिनका केवल सजातीय साहित्यिकों ने ही नहीं बल्कि राजनीतिज्ञों, वैज्ञानिकों, कानूनवेत्ताओं और धर्मतत्त्व के ज्ञाताओं ने सहज भाव से वरण किया हो। शरत् बाबू उन्हीं विरल साहित्यकारों में थे जिनको सभी का प्यार मिला था। श्री अरविन्द की अन्तर्भेदी दृष्टि ने जैसे उन्हें पहचान लिया था। उन्होंने मानो सभी के स्वर में कहा है, ''श्री शरत्चन्द्र की रचनाओं में उनकी विशाल मेधा, मानवों तथा वस्तुओं के सूक्ष्म तथा सही पर्यवेक्षण और दुख तथा पीड़ा के प्रति सहानुभूति

से भरे हृदय की अमिट छाप है। वे इतने अधिक संवेदनशील हैं कि उन्हें उस संसार से चैन कैसे प्राप्त हो सकता है। उनकी दृष्टि भी सम्भवत: उतनी ही अधिक फैली है। उनका मन बहुत निर्मल है और उनकी प्राणिक प्रकृति बहुत उदात्त।''

नवयुग का संदेश बंकिमचन्द्र ने नहीं दिया, ऐसा नहीं है, पर वे मूलत: संस्कारक शिल्पी थे। साधारण और सहज मानव के ऊपर उन्होंने आदर्श-महत्तर मनुष्य की प्रतिष्ठा की। दोषी मनुष्य को उन्होंने कठोर दण्ड दिया। परम्परा को वे पुनीत मानते थे। पाप से उन्हें घृणा थी। शरत्चन्द्र भी पाप का प्रचार नहीं करते। परम्परा से भी उन्हें घृणा नहीं है, पर वे मनुष्य को देवता के नाते नहीं, मनुष्य के नाते ही प्यार करते हैं। कोई शास्त्र, श्लोक, मंत्र-तंत्र, मनुष्य से बड़ा नहीं है। उनके पात्र विशेषत्व रखते हुए भी इसी धरती की मिट्टी से बने हाड़-मांस के पुतले हैं। भीषण भावुकता के बावजूद विपरीत चित्तवृत्तियों का आन्तरिक संघर्ष जैसा यहाँ है वैसा बंकिम के साहित्य में नहीं।

रवीन्द्रनाथ ने जिस नवयुग का सूत्रपात किया, शरत्चन्द्र ने उसमें माटी की गंध बसाकर उसे घर-घर में पहुँचा दिया। रवीन्द्रनाथ के कथा-साहित्य में घटनाएँ व्याख्या के बोझ से दब-सी गई हैं। विवरण पर विश्लेषण का आधिपत्य है। पर शरत् के बात कहने की भंगिमा सुमधुर, सहज और सरल है। कहीं भी वे अपने को जीवन से अलग नहीं करते। वह जीवन एक साथ त्याग से उज्ज्वल और स्वार्थ से पीड़ित है, अनुभूति से गम्भीर और शासन-संस्कार से क्लिष्ट है। न बुद्धि, न युक्ति, बस अपूर्व सहानुभूति से दैन्य और संस्कारपीड़ित विधि-निषेध-निर्यातित हमारे वास्तविक जीवन को हमारे हृदय के निकट ला दिया है।

संस्कृत से मुक्त लचीली प्रवाहमयी भाषा उन्हें रवीन्द्रनाथ से विरासत में मिली थी। रवीन्द्रनाथ ने बंकिमचन्द्र की भाषा को सहज-सरल बनाया था। शरत्चन्द्र ने उसे और प्रांजल तथा अंत:स्पर्शी बना दिया। जीवन के तुच्छ सुख-दुख की बात कहने की शक्ति भाषा में आ गई थी। शरत् ने उसे व्यापकता और गहराई के साथ अद्भुत सहजता देकर पूर्ण रूप से अपना बना लिया। उनकी भाषा में *बाइबिल* की-सी सरलता है। ऐसी सरलता जो

उनके जीवन में घुल-मिल गई थी। मिथ्याडम्बरों से दूर केवल अभिज्ञता के बल पर ही उन्होंने सरलता और सादगी की शक्ति से पूर्ण अभिनव शैली का आविष्कार किया था।

रवीन्द्रनाथ मानवीय घटनाओं को विश्व-प्रकृति के साथ मिलाकर देखते थे। उनका अन्तर्द्वन्द्व निर्वैयक्तिक है। उनके चरित्र विचारों के मानवीय संस्करण हैं। उनका लक्ष्य है देशातीत-कालातीत मानव। इसका मूल्य होने पर भी यह मनुष्य की क्षुधा को शांत नहीं करता। उन्होंने जीवन के वास्तविक सुख-दुख को अस्वीकार नहीं किया, पर दुखातीत महाजीवन की वाणी ही उनकी रचनाओं में प्रकट हुई। रवीन्द्रनाथ ने जो कुछ किया शरत् ने उसे आगे बढ़ाया। कविगुरु जहाँ केवल उस समय के सामाजिक नियमों से वर्जित बहुत-से विषयों को, जैसे विधवा में प्रेम-लिप्सा को, स्वाभाविक बताकर रह गए वहाँ शरत् ने आगे बढ़कर समाज के सामने प्रश्नों की झड़ी लगा दी। प्रीतिहीन, धर्महीन, क्षमाहीन समाज से बार-बार पूछा, ''तुमसे कुछ मानवीय कल्याण भी हुआ है क्या ?''

शरत् के पात्र भी असाधारण हैं, पर उनका समजातीय रूप समाज में पाया जा सकता है। वे रोज़मर्रा के जीवन से बेमेल नहीं लगते। कारण, उनके पीछे उनके स्रष्टा की अभिज्ञता का असीम कोष है। उनकी मौलिकता से इनकार करना मात्र दुराग्रह है। जिस प्रतिभा के बल पर उन्होंने रवीन्द्र-युग में, बरगद के पेड़ के नीचे, न केवल अपना स्थान बनाया बल्कि समूचे देश को अपनी ओर आकर्षित भी किया, वह क्या कम अभिनन्दनीय है ? उनके साहित्य का क्षेत्र सीमित अवश्य है, पर अपूर्व भी है। वे प्रेम के चित्रण में अद्भुत सृजनात्मक शक्ति का परिचय देते हैं। उन पर चरित्रहीनता का आरोप लगाया गया है, पर उस चित्रण में अश्लीलता खोजे भी नहीं मिलती। मिलता है अद्भुत संयम। यही संयम शरद की विशेषता है, जो अपने-आप में अद्वितीय ही है।

अनुभूति की मार्मिकता और प्राणावेग, जहाँ तक इन दो गुणों का संबंध है, वे उन्हें पूर्ण रूप से प्राप्त थे।

समानता और असमानता के और भी अनेक बिन्दु खोजे जा सकते हैं, पर सत्य यही है कि बंकिम, रवीन्द्र और शरत् अपने-अपने स्थान पर अप्रतिम और अनिवार्य हैं। परम्परा की कड़ियों की तरह एक-दूसरे से जुड़े हैं और प्रत्येक

आगे आने वाले की तरह शरत्चन्द्र अपने दोनों महान् पूर्ववर्तियों के ऋणी हैं। रवीन्द्रनाथ के तो वे परम शिष्य हैं। रवीन्द्रनाथ न होते तो शरत् भी न होते।

और शरत् हैं इसीलिए *आवारा मसीहा* भी है। यह केवल मेरे ही परिश्रम का परिणाम नहीं हो सकता। न जाने किस-किस के विचार-सौरभ और स्नेहस्पर्श ने उसमें प्राण उँड़ेले हैं। परिशिष्ट में उनके नामों का उल्लेख ही है। उनके प्रति कृतज्ञता प्रकट नहीं की जा सकती। प्रेम का अर्घ्य ही उनको दिया जा सकता है।

उनके प्रारम्भिक जीवन को समझने के लिए उस काल के अनेक व्यक्तियों के साथ-साथ मैं उनके मामा और मित्र श्री सुरेन्द्रनाथ गांगुली का विशेष रूप से ऋणी हूँ। जो कुछ मैंने लिखा है वह प्रायः सब उन्हीं का है। मैं तो मात्र शोधक हूँ। उसी प्रकार उनके बर्मा प्रवास की कहानी के लिए मैं जिस एक व्यक्ति का सबसे अधिक ऋणी हूँ वे हैं योगेन्द्रनाथ सरकार। गिरीन्द्रनाथ सरकार और सतीशचन्द्र दासगुप्ता का योगदान भी कम नहीं है। इन सब व्यक्तियों की रचनाओं के आधार पर ही मैंने *आवारा मसीहा* के प्रथम दो खण्डों की इमारत खड़ी की है। उनके राजनीतिक जीवन की सबसे अधिक सामग्री मिली थी शचीनन्दन चट्टोपाध्याय की पुस्तक से।

इस प्रकार इस पुस्तक की सामग्री के तीन प्रमुख स्रोत रहे हैं—एक तो उन व्यक्तियों से साक्षात्कार जो किसी-न-किसी रूप में शरत् बाबू से संबंधित रहे। दूसरे उनके समकालीन मित्रों के लेख-संस्मरण और तीसरे उनकी अपनी रचनाओं में इधर-उधर बिखरे वे स्थल और प्रसंग जिनका उनके जीवन से सीधा संबंध रहा। इतने अनुभव के बाद उन्हें ढूँढ़ लेना बहुत कठिन नहीं हुआ।

मैं स्वीकार करूँगा कि पुस्तक को अधिक-से-अधिक प्रामाणिक बनाने के लिए मैंने इन विवरणों का यथाशक्ति उपयोग किया है। जीवित व्यक्तियों में मैं सबसे अधिक ऋणी हूँ सुपरिचित पर्यटक स्वनामधन्य उमाप्रसाद मुकर्जी का, जिन्होंने सहज भाव से मुझे अपना लिया और शरत् बाबू की सभी सामग्री, जो उनके पास सुरक्षित है, मेरे लिए सुलभ कर दी। उनके स्नेह के प्रतिदान की कल्पना करना भी उसके महत्त्व को कम करना है। इसी प्रकार गंगोत्री निवासी सुपरिचित पर्यटक और फ़ोटोग्राफ़र स्वामी सुन्दरानन्द ने मेरे साथ घूमकर जो

अनेक चित्र सुलभ कर दिये उसके लिए संन्यासी को क्या धन्यवाद दूँ? उन्हें प्रणाम ही कर सकता हूँ।

अन्त में मैं स्वर्गीय श्री नाथूराम प्रेमी को प्रणाम करता हूँ, जिनके कारण *आवारा मसीहा* का सृजन सम्भव हो सका। मुझे खेद है कि इसके पूर्ण होने से पूर्व ही उन्हें चले जाना पड़ा, पर इस बात का सन्तोष भी है कि अन्तत: मैं उनकी इच्छ पूर्ण कर सका। उन्हीं की पावन स्मृति को मेरा यह यत्किंचित प्रयास समर्पित है।

—विष्णु प्रभाकर

मार्च 1974

818 कुंडेवालान

अजमेरी गेट, दिल्ली–110006

आवारा मसीहा के दूसरे संस्करण की भूमिका

लगभग साढ़े तीन वर्ष में *आवारा मसीहा* के दो संस्करण समाप्त हो गए—यह तथ्य शरत् बाबू के प्रति हिन्दी भाषाभाषी जनता की आस्था का ही परिचायक है, विशेष रूप से इसलिए कि आज के महँगाई के युग में पैंतालीस या पैंतीस रुपये कुछ अर्थ रखते हैं।

दूसरे संस्करण में मैंने कोई विशेष परिवर्तन नहीं किया था। टंकण और मुद्रण या किसी और प्रमादवश जो अशुद्धियाँ रह गई थीं उन्हें ठीक कर दिया था। यहाँ-वहाँ आए कुछ उद्धरण या तो निकाल दिए थे या उनका कलेवर कुछ कम कर दिया था। महात्मा गाँधी पर उनका लेख परिशिष्ट में दे दिया था। ऐसा करने का उद्देश्य यही था कि 'तीसरे खण्ड' में भारीपन की जो शिकायत कुछ मित्रों ने की थी वह कम हो जाए। शायद हुई भी है।

शरत् बाबू की जन्मशताब्दी के उत्सव सितम्बर, 1977 तक समाप्त हो गए। आशा की थी कि उनके जीवन के सम्बन्ध में कुछ नए तथ्य उजागर होंगे, कहने को कुछ हुए भी पर उनमें कोई ऐसा न था जो इस पुस्तक की मूल स्थापनाओं को प्रभावित कर सकता।

फिर भी कुछ बातें ऐसी हैं जिनका उल्लेख करना आवश्यक है। गुजराती में सबसे पहले सन् 1925 के आस-पास श्री महादेव देसाई ने उनकी कुछ रचनाओं का अनुवाद किया था। ऐसा उन्होंने स्वयं महात्मा गाँधी के आदेश पर किया था। वे रचनाएँ थीं—*विराजबहू, बिन्दो का लल्ला, राम की सुमति* और 'मंझली दीदी'।

उनके मधुर कण्ठ की चर्चा इस पुस्तक में विस्तार से हुई है पर उनका रचा कोई गीत भी है इसकी प्रामाणिक जानकारी मुझे नहीं थी। श्री सत्येश्वर

मुखोपाध्याय ने अपने लेख 'सुर-पियारी शरत्चन्द्र'[1] में यह दावा किया है कि षोडशी नाटक का यह गीत उन्हीं की रचना है—

तोर पाबार समय छिल जखन

ओरे अबोध मन,

मरण खेलार नेशाय मेते

रइलि अचेतन।

ओरे अबोध मन।

तखन छिल मणि, छिल माणिक

पथेर धारे,

एखन डूबल तारा दिनेर शेषे

विषम अन्धकारे।

आज मिथ्ये जे तोर खोजां खूंजि

मिथ्ये चोखेर जल

तारे कोथाय पावि बल?

तोर अतल तले तलिये गेल

शेष साधनार धन।

ओरे अबोध मन॥

हिरण्मयी देवी के विवाह को लेकर एक बार फिर विवाद चल पड़ा है, लेकिन 'वसीयतनामे' में उन्हें शरत् बाबू ने अपनी पत्नी स्वीकार किया है। वही हमारे लिए सत्य है। शास्त्रसम्मत विधि-विधान से उन्हें यह पद मिला अथवा हृदय के मिलन द्वारा—यह विवाद अब अर्थ खो बैठा है।

वह मुक्त मन से क्रांतिकारियों की आर्थिक सहायता करते थे, यह बात भी इस पुस्तक में बार-बार कही गई है। इस बात को प्रमाणित करने वाले कुछ और तथ्य सामने आए हैं।

हेनरीवुड के उपन्यास *इस्टलीन* के आधार पर शरत् बाबू ने एक उपन्यास *अभिमान* नाम देकर लिखा था। उसे पढ़कर एक युवक उन्हें मारने दौड़ा था। श्री गोपालचन्द्र राय का अनुमान है कि वह युवक ब्रह्मसमाजी रहा होगा, क्योंकि

---

1. *दिगन्त* दिल्ली, दिसम्बर, 1975

अभिमान में एक ब्राह्मण गृहिणी पति को त्यागकर दूसरा विवाह कर लेती है। *इस्टलीन* जिस परिवेश का उपन्यास है वहाँ ऐसा करना पाप नहीं समझा जाता था, परन्तु उस युग के भारतीय परिवेश में ऐसा चित्रित करना निस्सन्देह निन्दनीय समझा जाता था।

एक और महत्त्वपूर्ण तथ्य जिसका उल्लेख करना आवश्यक है, यह है कि श्रीमती निरुपमा देवी ने पत्र लिखकर उनसे विधवा चरित्र की आलोचना न करने की प्रार्थना की थी। उन्होंने वचन दिया था, ''तुम्हारे मन को आघात पहुँचाए ऐसा कुछ कभी नहीं लिखूँगा।'' निरुपमा देवी से उनके सम्बन्धों की विवेचना करते समय इस तथ्य को नज़रअन्दाज़ नहीं किया जा सकता। मेरी स्थापना को इससे समर्थन ही मिला है।

उनके अपने चरित्र के विभिन्न पहलुओं को उजागर करने वाली कुछ और कथाएँ सामने आई हैं। उनमें से कम-से-कम एक का उल्लेख करना अत्यन्त आवश्यक है। एक रात अचानक वह सोते-सोते जाग पड़े। गाँव में शोर मच रहा था। बीच-बीच में किसी का चीत्कार भी सुनाई दे जाता था। वह विचलित हो उठे। तुरन्त बाहर आए। पता लगाने पर जाना कि दो युवक चोरी करते हुए पकड़े गए हैं। उन्हीं को गाँववाले पीट रहे हैं।

पशु का क्रंदन सुनकर जो विकल हो उठते थे वह मनुष्य को पिटते देखकर कैसे शान्त रह सकते थे! तुरन्त घटनास्थल पर पहुँचे। लोगों को समझाया-बुझाया। कहा कि मारो मत। चोरी की है तो पुलिस को सूचना दो।

गाँववालों ने उनकी बात मान ली। शरत् बाबू उन दोनों युवकों को अपने घर ले गए। पुलिस के आने तक वे वहीं रहे। बेचारों के प्राण बचे।

लेकिन जब पुलिस उनको लेकर चली गई तब क्या अवस्था हुई उनकी ? दिन चढ़ गया पर वे कमरे से बाहर नहीं निकले। पत्नी ने अनुनय-विनय की, मित्र आये, पर वह रोते ही रहे। कहते रहे कि कितना बड़ा पाप किया है मैंने। दो युवकों को चोर बना दिया। उन्हें पुलिस को सौंप दिया। वहाँ से अब वे दागी चोर बनकर ही निकलेंगे।

मेरे समीक्षक मित्रों ने *आवारा मसीहा* का जहाँ स्वागत किया वहाँ कुछ त्रुटियों की ओर भी संकेत किया है, कुछ सुझाव भी दिये हैं। कृतज्ञ भाव से

उस दिशा में जो कुछ कर सकता था, किया है। जो नहीं कर सका, वह किसी ज़िद के कारण नहीं बल्कि असमर्थता के कारण ही हुआ है। प्रामाणिकता का अभाव उनमें सबसे बड़ा कारण है। कहीं-कहीं मतभेद भी है, जो स्वाभाविक है।

इसके प्रणयनकाल में कैसी-कैसी कठिनाइयाँ मेरे सामने आईं, इसकी एक झलक मैंने प्रथम संस्करण की भूमिका में दी है पर उससे मेरे समीक्षक और पाठक सन्तुष्ट नहीं हो सके हैं। सबकी चर्चा करना तो कई कारणों से अब भी सम्भव नहीं होगा, पर एक बात की ओर संकेत अवश्य करना चाहूँगा। शरत् बाबू का जीवनक्रम इतना उलझा हुआ, इतना विशृंखल है कि उसमें तारतम्य बैठाना, उसके क्रम को ठीक करना बड़ा दुष्कर कार्य है। कौन-सी घटना कब घटी, कैसे घटी, कब कहाँ रहे, कितने दिन रहे, कौन-सा भाषण कब दिया, क्या ठीक-ठीक कहा, इसका सही लेखा-जोखा कहीं उपलब्ध नहीं है। जो है वह एकदम विशृंखल है। उसकी तलाश में मुझे बरसों यहाँ-वहाँ भटकना पड़ा। ज्योतिषियों की शरण ली, विश्वविद्यालय के, कैलेण्डर देखे, स्कूल-कॉलेज के रजिस्टर टटोले, पुरानी पत्रिकाएँ ढूँढीं, तब कुछ रूप बन सका।

वह भागलपुर से कब भागे, इसका कुछ-कुछ सही पता तब चला जब भागलपुर में ही रचित और हस्तलिखित पत्रिका में प्रकाशित उनकी जुलाई सन् 1901 की एक रचना देखने में आई। दिसम्बर सन् 1902 के अन्त में उन्होंने अपनी बहन के घर गोविन्दपुर से मामा गिरीन्द्रनाथ को जो पत्र लिखा था वह मुझे दिल्ली में ही उनके पुत्र श्री अमलकुमार गांगुली के सौजन्य से सन् 1973 में मिल सका। उसके मिलने से बहुत-सी तिथियाँ आप से आप ठीक हो गईं। वह बर्मा से कब लौटे, इसकी तिथि भी अनुमान-प्रमाण के सहारे निश्चित की गई है। नहीं तो एक लेखक ने उन्हें उसके बहुत बाद भी रंगून में रवीन्द्रनाथ से मिलते दिखाया है।

उनके प्राय: सभी जीवनीकारों ने लिखा है कि उन्होंने मैट्रिक दिसम्बर, सन् 1894 में पास किया, लेकिन मैं उनसे सहमत नहीं हो सका। विश्वविद्यालय जाकर कैलेण्डर देखा तो पाया कि परीक्षाएँ, सोमवार 12 फरवरी सन् 1894 से आरम्भ हुई थीं। परीक्षा-फल अधिक-से-अधिक अप्रैल सन् 1894 में घोषित हुआ होगा, पर कैलेण्डर में वह दिसम्बर में ही छप सका। उसी को देखकर

सभी ने मान लिया कि उन्होंने दिसम्बर सन् 1894 में मैट्रिक पास किया। यदि ऐसा होता तो वे उस वर्ष कॉलेज में प्रवेश कैसे पा सकते थे ?

बंगाली निश्चित रूप से बंगाब्द का प्रयोग करते हैं। इसलिए मेरे सामने यह एक और समस्या थी कि इन तिथियों को ईसवी सन् के अनुसार तिथियों में कैसे परिवर्तित करूँ। पुराने कैलेण्डरों की तलाश में अनेक मित्रों और पुस्तकालयों की शरण लेनी पड़ी क्योंकि तिथियों का अपना महत्त्व है। जो ज्योतिषशास्त्र में विश्वास करते हैं वे इस बात को खूब समझते हैं।

तो इन विसंगतियों का कोई अन्त नहीं है। बेशक वे विसंगतियाँ मनुष्य शरत्चन्द्र को प्रभावित नहीं करतीं। वे कब कहाँ रहे, कब कहाँ गये, यह अन्तत: कोई महत्त्व नहीं रखता पर जीवनक्रम को समझने के लिए इसकी आवश्यकता होना स्वाभाविक ही है।

मैंने अपनी भूमिका में 'सिक्स्थ सेन्स' की बात कही है, पर वह जितनी भ्रान्त और अभ्रान्त से परे जो वास्तविक शरत्चन्द्र है उसको पहचानने के सम्बन्ध में है उतनी स्वयं घटनाओं की प्रामाणिकता के सम्बन्ध में नहीं।

आवारा मसीहा नाम को लेकर भी काफ़ी ऊहापोह मची है। वे-वे अर्थ किए गए जिनकी मैंने कल्पना भी नहीं की थी। मैं तो इस नाम के माध्यम से यही बताना चाहता था कि कैसे एक आवारा लड़का अन्त में पीड़ित मानवता का मसीहा बन गया। आवारा और मसीहा दो शब्द हैं। दोनों में एक ही अन्तर है। आवारा के सामने दिशा नहीं होती। जिस दिन उसे दिशा मिल जाती है उसी दिन वह मसीहा बन जाता है। मुझे खुशी है कि अधिकतर मित्रों ने इस नाम को, इसी सन्दर्भ में, कबूल किया है।

अन्त में एक बात और स्पष्ट कर दूँ। *आवारा मसीहा* में आई किसी घटना के बारे में मैंने कल्पना नहीं की। जितनी और जैसी जानकारी पा सका हूँ उतना ही मैंने लिखा है। प्रथम पुरुष के रूप में उनके मुख से जो कुछ कहलवाया है वह सब उनके उन मित्रों के संस्मरणों से लिया है जो उसके साक्षी रहे हैं। यथासम्भव उन्हीं की भाषा का प्रयोग मैंने किया है। प्रामाणिकता की दृष्टि से एक-दो स्थानों पर उनकी रचनाओं में आए उन्हीं स्थलों के वर्णन का भी सहारा लिया है पर ऐसा बहुत ही कम किया है। मैंने अगर स्वतन्त्रता

ली भी है तो उतनी ही जितनी एक अनुवादक ले सकता है।

मनचाहा तो कभी होता नहीं, पर अनेक विसंगतियों और असंगतियों के बावजूद मित्रों ने, विशेषकर बंगाली मित्रों ने मेरे इस तुच्छ प्रयत्न का जैसा स्वागत किया है उससे मेरा उत्साह ही बढ़ा है। प्रसन्नता की बात यह है कि इसका अनुवाद बांग्ला भाषा में भी प्रकाशित हो चुका है। दूसरी भाषाओं में भी अच्छी प्रगति हुई है। उन सबके प्रति मैं कृतज्ञ भाव से नत हूँ। और शरत्चन्द्र के प्रति, एक बार फिर, कवि नजरुल के शब्दों में नतमस्तक होकर कहूँगा—

अवमाननार अतल गहरे ये मानुष छिलो लुकाये,
शरत्चांदेर ज्योत्स्ना तादेर दिलो राजपथ दिखाये।

—विष्णु प्रभाकर

29 सितम्बर 1977
818 कुंडेवालान
अजमेरी गेट, दिल्ली–110006

आवारा मसीहा के 1999 के संस्करण की भूमिका

आवारा मसीहा का प्रथम संस्करण मार्च 1974 में प्रकाशित हुआ था। पच्चीस वर्ष बीत गए हैं इस बात को। इन वर्षों में इसके अनेक संस्करण हो चुके हैं।

जब पहला संस्करण हुआ तो मैं मन-ही-मन डर रहा था कि कहीं बंगाली मित्र मेरी कुछ स्थापनाओं को लेकर क्रुद्ध न हो उठें। लेकिन मेरे हर्ष का पार नहीं था जब सबसे पहला पत्र मुझे एक बांग्ला भाषा की पत्रिका के संपादक का मिला। उन्होंने लिखा था कि आपने एक अत्यंत महत्त्वपूर्ण और चिरस्थायी कार्य किया जो हम नहीं कर सके।

मैं तो जैसे जी उठा। वैसे कुछ अपवादों को छोड़कर सभी पाठकों ने मुझे साधुवाद दिया। उन पाठकों में सभी वर्गों और श्रेणियों के व्यक्ति थे। तब से यह क्रम अभी तक जारी है।

इसकी रचना प्रक्रिया पर प्रथम संस्करण की भूमिका में मैंने विस्तार से प्रकाश डाला है। उसके प्रकाशित होने के बाद मुझे यह आशा थी कि शायद कुछ और तथ्य सामने आयें लेकिन तीसरा संस्करण प्रकाशित होने तक कुछ विशेष उपलब्धि नहीं हुई परंतु कुछ ऐसी घटनाएँ अवश्य सामने आईं जो उनके चरित्र को और उजागर करती थीं। उनका वर्णन तीसरे संस्करण की भूमिका में (सितम्बर 1977) किया। वे सब अंश इस संस्करण की भूमिका में भी शामिल कर लिए गए हैं।

दूसरे संस्करण में टंकण और मुद्रण या किसी और प्रमादवश जो अशुद्धियाँ रह गई थीं उन्हें भी ठीक कर दिया था। यहाँ-वहाँ आए कुछ उद्धरण या तो निकाल दिए थे या उनका कलेवर कुछ कम कर दिया था।

मैंने उस संस्करण में बांग्ला शब्दों का प्रचुरता से प्रयोग किया था। समीक्षकों और सुधी पाठकों के सुझाव पर उन्हें भी कम कर दिया। महात्मा

गाँधी पर शरत् बाबू ने जो मार्मिक लेख लिखा था उसे परिशिष्ट में दे दिया था। उस लेख को देने का कारण यह था कि शायद सभी लोग उन्हें गाँधी जी का कट्टर विरोधी मानते थे पर उस लेख में शरत् बाबू ने उनका जो विश्लेषण प्रस्तुत किया है, उनके प्रति विरोध के रहते भी जो गहरी आस्था प्रकट की है, वह अद्भुत है।

उसे परिशिष्ट में देने का कारण यह था कि तीसरे खंड में भारीपन की जो शिकायत कुछ मित्रों ने की थी वो कम हो जाए। शायद हुई भी है।

शरत् बाबू की जन्म शताब्दी के उत्सव सितम्बर 1977 तक समाप्त हो गए थे। उस समय बांग्ला में उन्हें लेकर बहुत कुछ लिखा गया। उन्हें फिर से खोजने की चेष्टा की गयी। मुझे आशा थी कि सम्भवत: उनके जीवन के सम्बन्ध में कुछ नए तत्व उजागर हों। कहने को कुछ हुए भी पर उनमें कोई ऐसा नहीं था जो इस पुस्तक की मूल स्थापनाओं को प्रभावित कर सकता।

फिर भी कुछ बातें ऐसी हैं जिनका उल्लेख करना आवश्यक है। गुजराती में सबसे पहले सन् 1925 के आस-पास महात्मा गाँधी के आदेश पर उनकी कुछ रचनाओं का अनुवाद श्री महादेव देसाई ने किया था। वे रचनाएँ थीं *विराज बहू, बिन्दो का लल्ला, राम की सुमति*, और *मंझली दीदी*।

उनके मधुर कंठ की चर्चा इस पुस्तक में विस्तार से हुई है। पर उनका रचा कोई गीत भी है इसकी प्रामाणिक जानकारी मुझे नहीं थी। श्री सत्येश्वर मुखोपाध्याय ने अपने लेख 'सुर-पियारी शरत्चन्द्र' में यह दावा किया है कि *षोडशी* नाटक का यह गीत उन्हीं की रचना है—

तोर पाबार समय छिल जखन

ओरे अबोध मन

मरण खेलार नेशाए मेते

रइलि अचेतन।

ओरे अबोध मन।

तखन छिल मणि, छिल माणिक

पथेर धारे,

एखन डूबल तारा दिनेर शेषे

हिरण्यमयी देवी के विवाह को लेकर एक बार फिर विवाद उठ खड़ा हुआ था। लेकिन वसीयतनामे में शरत् बाबू ने उन्हें अपनी पत्नी स्वीकार किया है। वही हमारे लिए सत्य है। शास्त्रसम्मत विधि विधान से उन्हें यह पद मिला अथवा हृदय के मिलन द्वारा—यह विवाद अब अर्थ खो बैठा है।

वे मुक्त मन से क्रांतिकारियों की आर्थिक सहायता करते थे यह बात भी इस पुस्तक में बार-बार कही गई है। इस बात को प्रमाणित करने वाले कुछ और तथ्य सामने आए हैं।

हेनरीवुड के उपन्यास *इस्टलीन* के आधार पर शरत्चन्द्र ने एक उपन्यास *अभिमान* लिखा था जिसे पढ़कर एक युवक इतना क्रुद्ध हुआ कि उनसे मारपीट करने के लिए तैयार हो गया था। श्री गोपालचन्द्र राय का अनुमान है कि वह युवक ब्रह्मसमाजी रहा होगा, क्योंकि *अभिमान* में एक ब्रह्मसमाज परिवार की नारी अपने पहले पति को त्यागकर दूसरा विवाह कर लेती है। *इस्टलीन* जिस परिवेश का उपन्यास है उस परिवेश में ऐसा करना पाप नहीं समझा जाता था परन्तु इस युग के भारतीय परिवेश में ऐसा चित्रित करना निस्संदेह निंदनीय समझा जाता था।

एक और महत्त्वपूर्ण तथ्य जिसका उल्लेख करना आवश्यक है, वह यह है कि श्रीमती निरुपमा देवी ने पत्र लिखकर उनसे प्रार्थना की थी कि वे अपनी रचनाओं में विधवा चरित्र की आलोचना न करें। तब उन्होंने निरुपमा देवी को वचन दिया था, ''तुम्हारे मन को आघात पहुँचाकर ऐसा कुछ कभी नहीं लिखूँगा।''

निरुपमा देवी से उनके सम्बन्धों की विवेचना करते समय इस तथ्य को

नज़रअन्दाज़ नहीं किया जा सकता। मेरी स्थापना को इससे समर्थन ही मिलता है।

उनके अपने चरित्र के विभिन्न पहलुओं को उजागर करने वाली कुछ और कथाएँ सामने आई हैं। उनमें से दो घटनाओं का हम उल्लेख करना चाहेंगे।

एक रात वह अचानक सोते-सोते जाग पड़े। गाँव में शोर मच रहा था। बीच-बीच में किसी का चीत्कार भी सुनाई दे जाता था। वह विचलित हो उठे। तुरन्त बाहर आए। पता लगा कि दो युवक चोरी करते हुए पकड़े गए हैं, उन्हीं को गाँववाले पीट रहे हैं।

पशु का क्रन्दन सुनकर जो विकल हो उठते थे वह मनुष्य को पिटते देखकर कैसे शान्त रह सकते थे। तुरन्त घटनास्थल पर पहुँचे। लोगों को समझाया-बुझाया। कहा कि मारो मत। चोरी की है तो पुलिस को सूचना दो।

गाँववालों ने उनकी बात मान ली। शरत् बाबू उन दोनों युवकों को अपने घर ले गए। पुलिस के आने तक वे वहीं रहे। बेचारों के प्राण बचे।

लेकिन जब पुलिस उनको लेकर चली गई तब क्या हुआ उनको। दिन चढ़ गया पर वे कमरे से बाहर नहीं निकले। हिरण्यमयी देवी ने अनुनय-विनय की। मित्र आए पर वे रोते ही रहे। कहते रहे, ‘‘कितना बड़ा पाप किया मैंने। दो युवकों को चोर बना दिया। उन्हें पुलिस को सौंप दिया। वहाँ से आने पर वे दागी चोर बनकर ही निकलेंगे।’’

वह जितने संवेदनशील थे उतने ही द्रष्टा भी थे और उतनी ही तीव्र थी उनकी सूक्ष्म पर्यवेक्षण शक्ति। एक दिन उन्होंने अचानक अपने मित्रों से कहा, ‘‘आओ, किसी गाँव में चला जाए।’’

मित्र लोग तैयार हो गए और शहर से सात-आठ मील दूर दुर्गापुर गाँव की ओर चल पड़े। जैसे ही गाँव के पास पहुँचे तो कुत्तों ने ज़ोर-ज़ोर से भौंकते हुए उनका स्वागत किया।

मित्र लोग उन्हें डाँटने लगे तो शरत् बाबू ने उन्हें रोक दिया, ‘‘वे अपना काम कर रहे हैं। अभी चुप हो जाएँगे। बढ़िया कुत्ते हैं।’’

एकदम देसी कुत्ते थे। बढ़िया कैसे हो सकते हैं यह बात मित्रों की समझ में नहीं आई पर उन्हें गाँव में जाना था। गए, गाँव के पुरुषों से कथा-वार्ता हुई। शरत् बाबू खूब प्रसन्न हुए।

लौटते समय गाड़ी में बैठे-बैठे शरत् बाबू ने, जैसा कि उनका स्वभाव था, खूब बातें कीं। कुत्तों की चर्चा भी हुई। वह बोले, ''देखो, कुत्ते गाँव के लोगों की आर्थिक स्थिति का थर्मामीटर होते हैं। अगर गाँव के कुत्ते खूब हृष्ट-पुष्ट हैं तो समझ लो कि गाँव के लोगों को खाने-पीने का अभाव नहीं है। यहाँ यही सब देखने को मिला।''

मुजफ्फरपुर प्रवास के बारे में और *देवदास* उपन्यास के चरित्रों के बारे में भी लेख पढ़ने को मिले पर *आवारा मसीहा* में जैसा वर्णन मैंने किया है, उन लोगों के कारण उसमें कोई संशोधन करने की आवश्यकता मुझे महसूस नहीं हुई।

बनारस के श्री विश्वनाथ मुखर्जी (अब स्वर्गीय) ने श्री शरत् बाबू की एक और जीवनी लिखी है। मैं उसे पढ़ नहीं पाया पर जिन मित्रों ने पढ़ा उन्होंने उसकी प्रशंसा की पर यह भी कहा कि उसके कारण *आवारा मसीहा* पर कोई प्रभाव नहीं पड़ने वाला।

मेरे समीक्षक मित्रों ने मेरी रचना का जहाँ मुक्त मन से स्वागत किया वहीं कुछ ने आलोचना भी की। कुछ त्रुटियों की ओर भी संकेत किया, कुछ सुझाव भी दिए। कृतज्ञ भाव से उस दिशा में जो कुछ कर सकता था मैंने किया है। जो नहीं कर सका उसका मुख्य कारण था प्रामाणिकता का अभाव। कहीं-कहीं मतभेद भी है, जो स्वाभाविक है।

इसके रचनाकाल में कैसी-कैसी कठिनाइयाँ मेरे सामने आईं, उसकी एक झलक मैंने प्रथम संस्करण की भूमिका में दी है पर उससे मेरे समीक्षक और पाठक संतुष्ट नहीं हो सके। सबकी चर्चा करना तो कई कारणों से अब भी संभव नहीं होगा पर एक बात की ओर संकेत अवश्य करना चाहूँगा। शरत् बाबू का जीवनक्रम इतना उलझा हुआ, इतना विश्रृंखल है कि उसमें तारतम्य बैठाना, उसके क्रम को ठीक करना बड़ा दुष्कर कार्य है। कौन-सी घटना कब, कैसे घटी, कब कहाँ रहे, कितने दिन रहे, कौन-सा भाषण कब दिया, क्या ठीक-ठीक कहा, इसका लेखा-जोखा कहीं उपलब्ध नहीं है। जो है वह एकदम विश्रृंखल है। उसकी तलाश में मुझे बरसों यहाँ-वहाँ भटकना पड़ा। ज्योतिषियों की शरण ली, विश्वविद्यालय के कैलेंडर देखे, स्कूल-कॉलेज के

रजिस्टर टटोले, पुरानी पत्रिकाएँ ढूँढ़ीं, तब कुछ रूप दे सका।

वह भागलपुर से कब भागे, इसका कुछ-कुछ सही पता तब चला जब भागलपुर में ही रचित और हस्तलिखित पत्रिका में प्रकाशित उनकी जुलाई सन् 1901 की एक रचना देखने में आई। दिसंबर 1902 के अन्त में उन्होंने अपनी बहन के घर गोविंदपुर से मामा गिरीन्द्रनाथ को जो पत्र लिखा था वह मुझे दिल्ली में ही उनके पुत्र श्री अमलकुमार गांगुली के सौजन्य से सन् 1973 में मिल सका। उसके मिलने से बहुत-सी तिथियाँ आप से आप ठीक हो गईं। वह वहाँ से कब लौटे, इसकी तिथि भी अनुमान प्रमाण के सहारे निश्चित की गई है। नहीं तो एक लेखक ने उन्हें उसके बाद भी रंगून में रवीन्द्रनाथ से मिलते दिखाया है।

उनके प्राय: सभी जीवनीकारों ने लिखा है कि उन्होंने मैट्रिक दिसंबर सन् 1894 में पास किया लेकिन जब मैंने विश्वविद्यालय जाकर कैलेंडर देखा तो परीक्षाएँ सोमवार 12 फरवरी सन् 1894 में आरम्भ हुईं। परीक्षाफल अधिक-से-अधिक अप्रैल 1894 में घोषित हुआ होगा। कैलेंडर में वह दिसंबर में ही छप सका। उसी को देखकर सबने मान लिया कि उन्होंने दिसंबर 1894 में मैट्रिक पास किया। यदि ऐसा हुआ होता तो वे उस वर्ष कॉलेज में प्रवेश कैसे पा सकते थे?

बंगाली निश्चित रूप से बंगाब्द का प्रयोग करते हैं। इसलिए मेरे सामने एक और समस्या थी कि इन तिथियों को ईसवी सन् के अनुसार तिथियों में कैसे परिवर्तित करूँ। पुराने कैलेंडरों की तलाश में अनेक मित्रों और पुस्तकालयों की शरण लेनी पड़ी क्योंकि तिथियों का अपना महत्त्व है। जो ज्योतिषशास्त्र में विश्वास करते हैं, वे इस बात को खूब समझते हैं।

तो इन विसंगतियों का अंत नहीं था। बेशक ये विसंगतियाँ शरत्चन्द्र को प्रभावित नहीं करतीं। वे कब कहाँ रहे, कब कहाँ गए, यह अन्तत: कोई महत्त्व नहीं रखता पर जीवन क्रम को समझने के लिए इनकी आवश्यकता होना स्वाभाविक ही है।

आवारा मसीहा नाम को लेकर काफ़ी ऊहापोह मची। वे-वे अर्थ किए गए जिनकी मैंने कल्पना भी नहीं की थी। मैं तो इस नाम के माध्यम से यही

बताना चाहता था कि कैसे एक आवारा लड़का अन्त में पीड़ित मानवता का मसीहा बन जाता है। आवारा और मसीहा दो शब्द हैं। दोनों में एक ही अन्तर है। आवारा मनुष्य में सब गुण होते हैं पर उसके सामने दिशा नहीं होती। जिस दिन उसे दिशा मिल जाती है उसी दिन वह मसीहा बन जाता है। मुझे खुशी है कि अधिकांश मित्रों ने इस नाम को इसी सन्दर्भ में स्वीकार किया।

यह संस्करण आते-आते मुझे कुछ घटनाओं और तथ्यों के बारे में भी जानकारी मिली। पृष्ठ 138 पर उनके मामा उपेन्द्रनाथ उन्हें खोजते-खोजते जब वेश्यालय गए और शरत् के बारे में पूछा तो उन्हें जो उत्तर मिला वह ऐसे था, ''ओह, दादा ठाकुर के बारे में पूछते हैं। ऊपर चले जाओ। सामने ही पुस्तकों के बीच में जो मानुष बैठा है वही शरत् है।''

पृष्ठ 255 पर *पथेर दाबी* के ज़ब्त होने की तारीख सरकारी दस्तावेज़ के अनुसार जनवरी 1927 है, अर्थात् 31 अगस्त 1926 को प्रकाशित होने के चार माह बाद पुस्तक ज़ब्त हुई।

पृष्ठ 397 पर प्रेमचन्द के कहानी संग्रह पर अपनी सम्मति देते हुए उनकी बहुत प्रशंसा की पर साथ ही यह भी लिखा कि रवीन्द्रनाथ ठाकुर के साथ उनकी तुलना करना अनुचित है। उन्होंने ऐसा इसलिए कहा क्योंकि इस पुस्तक की भूमिका में श्री मन्नन द्विवेदी ने लिखा था, 'कुछ लोगों का विचार है कि आपकी गल्प साहित्यमार्त्तण्ड रवीन्द्र बाबू की रचना से टक्कर लेती है।'

सप्त सरोज में निम्नलिखित कहानियाँ संकलित थीं—1. बड़े घर की बेटी 2. सौत 3. सज्जनता का दंड 4. पंच परमेश्वर 5. नमक का दरोगा 6. उपदेश और 7. परीक्षा। प्रथम खंड अध्याय 10 में राजा शिवचन्द्र की चर्चा आई। वे तत्कालीन सुधारक दल के नेता माने जाते थे। वे इतने प्रसिद्ध हो गए थे कि उनके बारे में एक कहावत बन गई थी—

राज न पाट शिवचन्द्र राजा

ढोल न ढाक अंगरेज़ी राजा

आज भी लोग इस कहावत का प्रयोग करते हैं।

यहाँ एक बात और स्पष्ट कर दूँ। *आवारा मसीहा* में आई किसी घटना के बारे में मैंने कल्पना नहीं की। जितनी और जैसी जानकारी पा सका हूँ उतना

ही मैंने लिखा है। प्रथम पुरुष के रूप में उनके मुख से जो कुछ कहलवाया है, वह सब उनके उन मित्रों के संस्मरणों से लिया है जो उसके साक्षी रहे हैं। यथासम्भव उन्हीं की भाषा का प्रयोग मैंने किया है। प्रामाणिकता की दृष्टि से एक दो स्थानों पर उनकी रचनाओं में आए उन्हीं स्थलों के वर्णन का भी सहारा लिया है पर ऐसा बहुत कम किया है। मैंने अगर स्वतंत्रता ली भी है तो उतनी ही जितनी एक अनुवादक ले सकता है।

मनचाहा तो कभी होता नहीं पर विसंगतियों और असंगतियों के बावजूद मित्रों ने, विशेषकर बंगाली मित्रों ने मेरे इस तुच्छ प्रयत्न का जैसा स्वागत किया है उससे मेरा उत्साह ही बढ़ा है। प्रसन्नता की बात है कि इसका अनुवाद अंग्रेज़ी तथा भारत की लगभग सभी प्रमुख भाषाओं में हो चुका है। उन सबके प्रति मैं नतमस्तक हूँ।

अन्त में शरत्चन्द्र के प्रति नतमस्तक होकर बांग्ला के मूर्धन्य कवि नज़रुल इस्लाम के शब्दों में इतना ही कहूँगा—

अवमाननार अतल गहरे ये मानुष छिलो लुकाये
शरत्चांदेर ज्योत्सना तादेर दिलो राजपथ दिखाए

—विष्णु प्रभाकर

28 जुलाई 1999
818 कुंडेवालान
अजमेरी गेट,
दिल्ली-110006

❑❑❑